명품 인생,
Amazing Life

명품 인생,
Amazing Life

배상호 · 박숙경 지음

깨어짐을 넘어 빚어진 삶의 걸작,
명품 장인의 이야기

좋은땅

추천사

 배상호 선교사님을 생각하면 가장 먼저 떠오르는 극적인 장면이 있다. 대학 1학년 때인가… 무슨 축제 기간이었던 듯한데… 나는 갑자기 온몸이 뻣뻣해지며 숨을 쉴 수 없었다. 온 몸에서 핏기가 사라지면서 몸의 모든 혈액이 멈추는 느낌이었다. 그 순간 동년배보다 8년 늦게 대학에 입학했던 '상호 형님'이 달려왔다. 늘 가지고 다니던 침을 꺼내 머리 배 다리 등 몇 곳에 찔러 넣었다. 5분이나 됐을까 몸은 순식간에 풀렸고, 나는 죽다 살아났다. 급체였었던 거다.

 대학시절 배상호 선교사님이 소위 '교주' 역할을 하던 써클(MLTC)에 잠시 속했던 이후로는 간간이 기회가 될 때마다 몇 번 만났을 뿐이었다. 교주 배상호는 어렸던 나의 마음에서는… 약간의 '작위적 독재성'으로 '희극성과 순수함이 오묘하게 결합된 모습'이었으므로 적극적인 반감을 가질 수는 없었으나 은연 중 부담을 느낄 만한 캐릭터였다.

하지만, 그 후 그의 인생의 여정을 간간이 듣고 비추어 볼 때마다 기이하고 놀라웠다. 그의 소탈함과 단순함과 겸비함을 극적으로 느꼈던 건 비교적 늦은 시간, 그가 이제 아프리카와 미국에서의 모든 여정을 마치고 한국으로 돌아온 후였다. 그는 이미 육체적으로 약해져 있었으나, 자신의 모든 상황을 주님께 맡긴 자의 자유, 자신의 생에 대하여 미련의 거품이 거두어진 가뿐함을 뚜렷하게 간직한 존재가 되어 있었다. 애정과 존경심이 일어났다.

마침 나는, 내가 섬기는 교회의 협동선교사로 그를 맞아 동역하는 특권까지 누릴 수 있게 되었다. 그가 아내와 나란히 이야기를 주고받으면서, 자신의 삶을 돌아보며 가슴에 담았을 눈물과 웃음과 감사와 감격이 전적으로 공감이 된다. 그리고 그와 그의 아내의 성실한 인생에 찬사를 보낸다. 급진적인 여러 부침들로 연결되어 하나의 아름답고 존귀한 퀼트 작품으로 탄생한 그의 생애를 살피노라니, 자연스럽게 내 삶의 여정도 반추하게 되는 특권을 누리게 된다. 흥미롭고 뭉클하고 따뜻하고 감동적인… 무엇보다 가독성이 탁월한 그의 삶의 이야기로 동료 후배들을 초대하고 싶다.

예수향남교회 담임 목사
정갑신

배상호 목사님은 내 삶의 기이한 선물이었다. 대학교 초년생때 우연히 말을 건네기 시작한 이후로 내 삶에서 가장 오랫동안 편안한 친구가 되어 주었다. 대학 생활 내내 함께 공부하고 기도하고 토론했으며, 함께 놀고 고민하며 씨름하는 자리에서 언제나 가장 가까이 있었다. 이후 매형이 된 배 목사님은 우간다 선교사역의 가장 중요한 동역자가 되었고, 인생의 고비와 변화가 찾아올 때 마다 가장 가까이에서 마음을 나눌 수 있는 벗이 되었다.

나는 생각보다 예민하고 내성적인 성격의 소유자였던 것 같다. 배목사님을 볼 때마다 특유의 그 여유로움과 자유로움에 빠져들지 않을 수 없었다. 일반인들이 쉽게 꿈꿀 수 없는 거침없고 도전적인 삶의 행보들은 듣는 내내 내 가슴을 시원하게 하고 감탄을 자아낼 때가 많았다. 많은 세월이 흘러 이제는 노년기를 준비하는 형의 육체적 변화를 보면서 마음 한 켠에서 아련한 아픔을 느껴 보기도 한다. 하지만 그 독특한 매력과 정취는 조금도 달라지지 않는 것이 신기하다. 오히려 더 깊어지고 순수해지는 것 같다.

형은 내게 하나님의 성품을 보여 주는 거울과도 같았다. 나는 유난히 긴장하고 절제하고 불안감이 많아서 늘 완벽주의를 추구하던 성격이었다. 형은 내게 하나님이 다스리는 이 세상이 얼마나 다채롭고 광활하고 안전한 곳인지, 그 안에서 우리 인생이 얼마나 자유하고 편안

해도 되는지를 가장 생생하게 보여 준 본보기였다. 만약 배 목사님이 안 계셨더라면 내 삶이 얼마나 단조롭고 답답하고 경직되게 흘러갔을지 생각만 해도 아찔하다. 예수님이 선물해 주신 '그리스도인의 자유'에 대해서 아직도 나는 계속 씨름하며 배워 가고 있다.

처음 만난 때부터 지금까지 배 목사님은 언제나 안과 밖이 동일한 사람이었던 것 같다. 앞과 뒤가 다르지 않았다. 모든 것이 투명하게 드러나는 사람이었다. 학창 시절 이후로 나는 이상과 현실, 신앙과 욕망 사이에서 방황하며 그 괴리감에 몸부림칠 때가 점점 더 많아졌다. 돌이켜 보면 형은 이 부분에서 언제나 한결 같은 분위기로 자기만의 삶을 살아왔던 것 같다. 자연스럽고 편안해 보였다. 크게 욕심 내거나 이상을 갈구하지도 않았고, 누구를 부러워하거나 비교하면서 자책하는 경우도 없었다. 일이 잘 풀릴 때나 어려울 때나 큰 요동이 없었다. 한결같이 자기 삶을 사랑하고 만족하며 즐거워하는 것 같았다. 언제나 재미있는 이야기들이 있었고 자랑스러운 간증들이 넘쳐났다.

배 목사님의 일대기를 읽으면서 모든 것이 더욱 선명해진 느낌이다. 이분은 언제나 긍정적이고 낙천적인 삶을 자연스럽고 편안하게 살아왔구나. 똑같은 인생을 살면서도 언제나 긴장하고 불안하고 부담스러운 느낌을 떨치지 못했던 나 같은 사람에게 하나님이 처음부터 선물로 주신 분이었구나. 어쩌면 예수님 안에서 우리의 삶은 정말 자유하고 가볍고 자족하고 자랑스러운 이런 종류의 삶인 것이 맞고, 이를 통해 하나님의 영광이 나타날 수 있구나. 어떤 조건과 환경 속에서도 우리의 관점이 행복한 빛을 향하고 어둠과 그림자에 지배당하지 않아야 하는 것이 맞구나. 이것이 부활하신 주님이 모든 그리스도인들에게 날마다 주고 싶어 하시는 진짜 인생, 진짜 지혜와 권능이구나.

배상호 목사님은 자기도 모르는 사이에 이런 하나님과 함께 살아가는 감각을 배워 왔던 것 같다. 그래서 인생의 황혼기로 접어들면서 더욱 자유하고 편안하고 해맑아지는 매력을 마음껏 누리시게 된 것 같다. 어쩌면 이것이야 말로 배 목사님이 평생을 통해 성취하셨던 최고의 업적이 아닐까! 하나님 안에서 한없이 자유하고 자족하며 안전하고 충만한 삶이 가능하다는 사실! 평범하고 소박하며 때론 초라하게 느껴지기 십상인 우리네 인생 길목에서 이런 놀라운 삶이 늘 가까이 미소 지으며 우리를 응원하고 있다는 진실! 한국 사회의 모든 그리스도인들이 이런 인생의 선물을 함께 누릴 수 있으면 참 좋겠다는 바람이다.

하나라선교회 연구위원
박일규 목사

프롤로그

어메이징 라이프, 그 놀라운 여정

내 지난 삶을 돌아보면, 그것은 하나의 장대한 드라마이자, 잔잔한 수채화와도 같은 여정이었다. 아프리카 우간다의 척박한 땅에서 복음의 씨앗을 심던 젊은 날, 머나먼 미국 땅에서 이민자들의 눈물과 희망을 함께 품던 목회자의 길, 그리고 병든 몸과 지친 영혼을 어루만지며 또 다른 치유의 사명을 감당했던 한의사의 자리까지. 각기 다른 길 위에서 나는 수많은 배움과 깨달음을 선물처럼 받으며 살아왔다.

그러던 어느 날, 내게 원치 않던 손님처럼 파킨슨병이 찾아왔다. 손끝은 떨리고, 발걸음은 무거워지고, 말 한마디조차 불편해지는 일상이 이어졌다.

누군가 내게 묻는다.

"얼마나 힘드십니까? 얼마나 고통스럽습니까?" 나는 망설임 없이 대답한다.

"만약 내가 이 병을 만나지 않았다면, 어떻게 인생의 쓰고 단맛을 이

토록 깊이 알 수 있었겠습니까? 뼛속 깊이 감추어져 있던 참된 감사를, 어떻게 이끌어 낼 수 있었겠습니까?"

불편함과 고통은 분명 현실이지만, 그것은 동시에 내게 놀라운 선물이 되었다. 나는 머리가 아닌 가슴으로 환자의 고통을 이해하게 되었고, 삶의 무게에 짓눌린 이들의 절망을 내 존재 깊숙이 투영하며 함께 울 수 있게 되었다. 고통은 내 삶을 더 넓고 깊은 그릇으로 빚어 주었다. 삶의 가장 어두운 터널 속에서도, 나는 빛을 발견했다.

내게는 사랑스러운 딸 하나와 든든한 아들 둘, 그리고 열한 명의 손주들이 있다. 그들의 웃음소리는 내 생의 가장 아름다운 노래이고, 그들의 존재 자체가 하나님께서 내게 거저 주신 가장 귀한 선물이다. 그 작은 손길과 맑은 웃음은 매 순간 내 삶을 더욱 풍성하게 물들이며, "나는 여전히 축복 속에 살아가고 있구나" 하는 깊은 확신을 심어 준다.

이제 칠십 평생의 시간을 돌아보면, 그 모든 과정이 그저 놀라울 따름이다. 삶은 때때로 엉킨 실타래처럼 보였고, 금이 간 도자기 조각처럼 망가진 듯 보이기도 했다. 그러나 언제나 하나님께서 나의 삶을 붙드셨다. 내가 그분께 나아갈 때마다, 그분은 기꺼이 나를 고치고 회복시켜 주셨다. 상처는 금빛으로 이어졌고, 결점은 독창적인 아름다움이 되어 다시금 세상에 단 하나뿐인 명품으로 빛날 수 있도록 인도하셨다.

세상에서 가장 지혜로웠던 솔로몬 왕은 "해 아래 새것이 없다"고 고백했다. 아무리 보아도 눈은 만족하지 못하고, 아무리 들어도 귀는 채워지지 않는다. 인간의 성취와 욕망은 결국 공허로 돌아가고 만다. 그러나 그는 동시에 인생의 참된 지혜를 남겼다. 그것은 우리의 창조주를 기억하고, 그분이 허락하신 하루하루를 감사와 기쁨으로 누리며, 그분을 경외하며 사는 것이야말로 가장 복되고 풍성한 삶이라는 것. 진정한 풍요는 소유에 있지 않고, 존재 안에 있다는 것이다.

그래서 나는 내 뒤를 따라오는 인생의 후배들에게 전하고 싶다.
"당신은 단 하나밖에 없는 명품입니다. 당신을 지으신 하나님은 가장 완벽한 장인이십니다. 당신의 부족과 약함마저 새롭게 빚어내시는 유일한 분은 바로 그분입니다. 그러니 주저하지 말고, 그분께 나아가십시오. 당신의 삶을 맡겨 보십시오. 그분의 손길은 당신의 상처를 아름다움으로 바꾸시고, 당신의 결핍을 은혜로 채워 주십니다."

내 이야기는 거창한 영웅담이 아니다. 오히려 보잘것없고 실수투성이였던 삶 가운데에서, 나를 한 땀 한 땀 빚어 오신 하나님의 손길을 고백하는 이야기일 뿐이다. 그러나 바로 그 평범하고 보잘것없는 삶 속에서, 하나님은 결코 평범하지 않은 걸작을 빚어 내셨다. 인생의 굴곡마다, 깊은 상처와 넘어짐의 순간마다, 그분은 나를 다듬으시고 새롭게 하시며 '명품 인생'으로 세워 주셨다.

나는 바란다. 내 자녀들과 손주들, 그리고 이 글을 읽는 모든 이들이 이 이야기를 통해 동일한 하나님의 손길을 경험하기를. 삶이 무너지는 것 같아 지치고 낙심될 때, 혼돈과 방황 속에서 길을 잃을 때, 한 치 앞도 보이지 않는 절망의 어둠 속에 갇힐 때조차, 변함없이 다가오시는 그분의 손길을 붙잡을 수 있기를. 그 손길이 단 하나밖에 없는 우리의 인생을 '명품'으로 완성해 가실 것을 믿기를.

그래서 나는 간절히 소망한다. 독자인 당신 역시 하나님 안에서 '명품 인생'의 놀라운 여정을 시작하고, 마침내 당신만의 고귀한 이야기를 펼쳐낼 수 있기를. 오늘도 나는 "명품 장인"이신 하나님을 다시금 기대한다.

2025년 8월,
나의 작은 골방에서
배상호

목차

추천사 4
프롤로그 9

명품 장인의 손길

어린 시절과 신앙의 뿌리 20
- 하나님께 바쳐진 아이 20
- 40일간의 무전여행: 세상을 배우다 23
- 침술과의 만남 25
- 백장암에서 찾은 진리 26
- 군대, 뜻밖의 부르심 28

총신대 시절: 사명의 준비 30
- MLTC, 선교사의 꿈을 키우는 둥지 31

결혼: 깡통을 함께 찰 동반자를 찾아서 34
- 숨겨진 보배, 깡통을 함께 찰 사람 35
- 믿음 선교의 시작 37

아프리카로의 부르심과 선교 초기의 도전　　　　　39
　○ 선교사로의 출발　　　　　　　　　　　　　　39
　○ 나그네의 삶, 그리고 '레이'의 은혜　　　　　　41

땀과 눈물로 다듬어진 명품, 선교사 삶

아프리카를 향한 힘난한 여정　　　　　　　　　　44
아프리카 우간다 도착: 격동의 역사와 새로운 일상　46
첫 선교지, 아루아에서　　　　　　　　　　　　　　48
　○ 죽음을 춤으로 보내는 사람들의 교훈　　　　　48
　○ 존재 자체에 대한 감사　　　　　　　　　　　　50
캄팔라에서의 새로운 사역과 기적의 생환　　　　　52
　○ 붉은 흙먼지 길 위의 사고: '천사가 구해 낸' 기적의 현장　54
　○ 사고가 불러온 놀라운 동역　　　　　　　　　　58
　○ 신학교에 불어닥친 시련, 전화위복　　　　　　60
　○ 마신디, 영적 불모지에서 피어난 기적　　　　　63
　○ 법정 소환과 포체스트럼 대학 학위의 기적　　　67
위기를 넘어 새로운 비전으로　　　　　　　　　　　71
　○ 영성훈련원의 시작　　　　　　　　　　　　　　71
　○ 월드컵의 함성 속 한국과의 재회　　　　　　　73

아내, 박숙경 선교사의 고백   76
- ○ 질병 속에서 발견하게 된 나의 부끄러운 진실   76
- ○ 나를 무너뜨린 남편의 사과문   79
- ○ 사과 편지와 다시 찾은 평강   85

미국으로 사역의 전환   87
- ○ 영성훈련원에서 한인교회로   87
- ○ 차가운 현실 속, 작은 기적들   89
- ○ 시카고의 교통사고: 찰나의 순간   93
- ○ 빚의 굴레, 그리고 하나님의 절규   96
- ○ 또 다른 시작, 새로운 부르심   99
- ○ 소망 한의원과 4대가 드리는 가정 예배: 무너진 자리에서 다시 솟아난 소망   107

가족이라는 가장 아름다운 명품

자녀 양육 이야기: 명품 인생의 비밀   116
혜진 성장기: 이성적인 엄마와 감성적인 딸의 갈등   119
- ○ 아프리카에서의 절규, "우리는 어디에 가서 살아야 해요?"   121
- ○ 사춘기 갈등과 평행선 대화   122
- ○ 뜻밖의 만남과 결혼, 기적 같은 사랑   123

성주 성장기: 엄마의 부족함을 채운 아들의 헌신 129
- ○ 기적처럼 태어난 아들 129
- ○ 아프리카 들판을 누비던 작은 용사 131
- ○ 엄마의 편이었던 아들, 그리고 짧은 방황 132

성현 성장기 : 기적의 시리즈, 명품 장인의 완벽한 설계 135
- ○ 뜻밖의 선물, 셋째 아이 136
- ○ 죽음의 문턱에서 건져 올리신 하나님 137
- ○ 기적의 대학 진학 143

명품 장인의 세밀한 설계, 기적의 결혼 이야기 148
- ○ 혜진과 형민의 결혼 과정: 가장 빠른 길, 가장 완벽한 길 148
- ○ 성주와 메리암의 결혼 과정: 헌신 위에 세워진 기적의 가정 160
- ○ 예지와 성현의 결혼 과정: 말씀과 응답으로 엮은 기적의 사랑 165

70년의 여정 끝에서 깨달은 진실: 인생은 명품이다

우리의 삶이 명품인 이유 190
- ○ 세상에 단 하나뿐인 희소성 190
- ○ 불완전함 속에서 빛나는 독창성 191
- ○ 시간이 지날수록 깊어지는 가치 192

명품 인생을 위한 기다림의 기술: 씨앗이 열매를 맺기까지 194

명품의 가치를 높이는 관리 : 나를 위한 섬세한 케어   198
  ○ 내면을 가꾸는 '나만의 루틴' 만들기   198
  ○ 긍정적인 생각과 '언어'로 내면을 채우기   199
  ○ '실패'를 다루는 전문가 되기   200
  ○ 실패를 극복하고 자신의 명품 가치를 증명한
    사람들의 삶을 벤치마킹   201

에필로그   206

명품 장인의 손길

어린 시절과 신앙의 뿌리

○ **하나님께 바쳐진 아이**

나는 삼형제 중 맏이였다. 태어난 지 백일 무렵, 갑작스레 찾아온 고열로 몸은 불덩이처럼 달아올랐다. 어머니는 나를 품에 안고 병원을 찾아갔으나, 의사는 단호하게 말했다.

"가망이 없습니다. 아이를 데리고 집으로 돌아가세요."

믿기 힘든 절망의 말은 또 다른 병원에서도 반복되었다. 어머니의 눈빛은 점점 깊은 어둠 속으로 가라앉았다. 아버지는 참을 수 없는 분노로 어머니를 향해 소리쳤다.

"네가 예수를 믿더니, 결국 아들이 죽게 생겼구나!"

그러나 어머니는 담담하면서도 단호했다.

"아닙니다. 당신이 예수를 믿어야 이 아들이 삽니다."

아버지는 마지막처럼 내뱉었다.

"내 아들을 살려 내라. 그러면 나도 예수를 믿겠다."

그날 밤, 어머니는 교회 목사님을 찾아가 도움을 청했다. 목사님과 교인들은 아버지의 과자 공장에 모여 죽어 가는 내 옆에서 밤새 기도를 드렸다. 기적은 새벽과 함께 찾아왔다. 나는 다시 호흡을 내쉬며 살아났다. 그 후로 아버지는 약속대로 신앙을 받아들였고, 어머니는 나를 하나님께 바쳤다.

"너는 하나님께 드려진 사람이다."
나는 어릴 적부터 그렇게 불리며 자라났다. 하지만 그 말은 어린 나에게 은근한 부담이었다. 하나님께 드려진 사람답게 살라는 보이지 않는 굴레는 내 안에서 늘 자유를 향한 갈망과 부딪혔다. 나는 동생들과 함께 골목대장이 되어 말썽을 부렸고, 중학생 시절에는 기차 통학을 하며 달리는 열차에서 뛰어내리는 위험한 짓을 즐기곤 했다. 늘 가슴속에는 '나는 자유롭고 싶다'는 갈망이 불타올랐다.

고등학생이 되면서 나는 교회에 열심히 다니기 시작했다. 몇몇 친구들과 개척교회를 찾아가 목사님을 돕고, 교회가 조금씩 성장해 가는 모습을 지켜보며 가슴 벅찬 기쁨을 느꼈다. '내가 세상에 의미 있는 일을 하고 있구나' 하는 보람은 내 발걸음을 가볍게 했다.

그러나 기쁨은 오래가지 못했다. 교회가 성장할수록 목회자들의 순수했던 모습이 점차 변질되는 것을 목격하게 되었다. 신앙을 향한 순전한 마음이 세속적 욕망으로 바뀌어 가는 모습을 보면서, 나는 큰 실망과 회의를 품게 되었다. '이것이 내가 찾던 신앙의 참모습일까?' 반복된 배신은 결국 내 마음에 깊은 상처를 남겼고, 교회와 점점 멀어지게 만들었다.

게다가 대학 입시에서 연거푸 낙방하는 쓰라린 경험이 나를 덮쳤다. 모든 문이 눈앞에서 닫히는 듯했다. 과외를 하며 재수를 준비해 다시 도전했지만, 또 실패였다. 다른 대학에 갈 수도 있었지만, 나는 오직 'S대학'만 고집하며 모든 것을 쏟아부었다. 그러나 그것은 나의 오만이었다. 두 번의 실패는 가족들의 기대를 무너뜨렸고, 그 실망을 감당하는 일이 내겐 너무도 무거웠다. 살아갈 용기를 잃은 나는 어느 날 밤, 홀로 한강 다리에 올랐다. 차가운 강바람이 귀를 에며 불어왔고, 아래로 내려다본 강물은 새까맣게 고요하면서도 묵직하게 나를 끌어당겼다.

'여기도 이렇게 추운데, 저 강물 속은 얼마나 더 차가울까…'
그 순간, 도저히 몸을 던질 용기가 나지 않았다. 발걸음을 떼지 못한 채 한참을 서성이다가 서서히 뒤돌아섰다. 매서운 겨울바람이 내 목숨을 붙잡아 준 것이었다. 대학 입시가 혹독한 한파 속에서 치러졌다는 사실이 얼마나 다행인지, 그때 깨달았다.

○ 40일간의 무전여행: 세상을 배우다

사람에게서 받은 배신과 상처, 그리고 깊은 절망은 내 마음에 오래도록 그림자를 드리웠다. 상처 입은 영혼은 좀처럼 가라앉지 않았고, 결국 나는 무전여행을 결심했다. 돈 한 푼 없는 빈손으로, 배낭 하나 달랑 메고, 발길 닿는 대로 떠난 40일. 차를 태워 주면 타고, 아니면 걸었다. 밥을 주면 먹고, 아니면 굶었다. 저녁이 되면 어디에서 잠들 수 있을지 알 수 없는 막막한 여정 속에서, 나는 세상의 풍랑 속에 몸을 맡겼다.

낯선 길에서, 낯선 사람들을 만났다. 따뜻한 밥상을 내어 주고, 친절하게 맞아 주며, 때로는 집안의 방까지 내어주는 이들이 있었다. 차갑고 두렵기만 하던 세상은 뜻밖에도 온정으로 가득 차 있었다. 사람들의 정겨운 마음은 내게 큰 위로가 되었다.

하지만 예상치 못한 경험도 했었다. 전라도 벌교에 도착했을 때였다. 한 가정에서 푸짐한 저녁을 대접받은 뒤, 느닷없이 파출소 경찰들이 들이닥쳤다. 이유는 간첩 혐의였다. 당시 그 지역은 바닷가라 가끔 간첩이 나타나곤 했는데, 돈 한 푼 없이 떠도는 수상한 젊은이를 누군가 신고한 것이었다. 경찰들은 내 짐을 샅샅이 뒤지고 늦은 밤까지 추궁했다. 황당하고 두려운 시간이었지만, 다행히 큰 문제 없이 풀려날 수 있었다. 세상이 온정으로만 채워져 있지 않음을 그날 배웠다.

그렇게 40일간의 무전여행은 내게 많은 것을 가르쳐 주었다.
인생을 살아가는 데 있어 돈이 전부가 아니라는 것.
세상에는 여전히 인심 좋은 사람들이 있어 살아 볼 만하다는 것.
그리고 그럼에도 세상이 내 뜻대로만 흘러가지 않는다는 사실.
밤마다 어디서 잠들지, 배가 고프면 무엇을 먹을지, 근본적인 고민들이 자연스럽게 솟아올랐다. 인생 자체가 걱정 덩어리라는 것을 온몸으로 배웠다. 그러나 놀랍게도, 내가 해결하지 않아도 매일같이 길 위에서 누군가의 손길을 통해 먹고 자는 문제가 해결되었다.

그때 나는 깨달았다. 내 인생을 지으신 분께서, 누구를 통해서든 나를 돌보고 계신다는 것을. 그렇기에 불필요한 걱정으로 세월을 낭비할 이유가 없다는 것을. 그토록 무겁게 짓눌렀던 대학 입시의 실패도, 사실 아무것도 아니라는 것을.

추위와 배고픔, 두려움과 낯섦 속에서도 나는 새로워졌다. 사람들의 온정 속에서, 때론 예기치 못한 시련 속에서, 나는 세상을 배웠다. 그 길 위에서 다시금 자신감과 도전 정신이 샘솟았다. 내 안에서 패기와 열망이 살아났다. 무전여행은 내 삶의 또 다른 출발점이었다. 그것은 실패의 잿더미 위에 피어난, 새로운 나를 향한 첫 걸음이었다.

○ 침술과의 만남

무전 여행이 끝나 갈 무렵, 나는 더 이상 두 다리를 마음껏 움직일 수 없을 정도로 지쳐 있었다. 매일같이 수십 리 길을 걷다 보니 발은 퉁퉁 붓고, 종아리와 무릎은 불에 덴 듯 화끈거렸다. 허리까지 뻐근하게 내려앉는 통증은, 젊은 나이라도 견디기 힘든 고통이었다. 길 위에 주저앉아 땀과 눈물이 범벅된 채로 신음하는 순간이 많았다.

그 무렵 내가 만난 사람이 바로 김영하 전도사님이었다. 그는 나를 한참 살펴보더니 "한번 누워 보게" 하며 침을 놓아 주었다. 바람처럼 가느다란 바늘이 살짝 피부를 찌르는 순간, 신기하게도 통증이 서서히 사라지기 시작했다. 몸속을 막고 있던 어둡고 차가운 기운이 뚫리고, 따뜻한 기운이 온몸을 감싸 안는 듯한 신기한 경험이었다. 나는 눈을 크게 뜨고 놀라움을 감추지 못했다.

그날 이후 나는 침술에 매혹되었다. 단순히 통증을 없애는 기술이 아니라, 생명을 회복시키는 신비로운 손길처럼 느껴졌다. 전도사님은 내게 침술의 기본을 가르쳐 주기 시작했고, 나는 곧 남다른 손재주와 감각이 있음을 알게 되었다. 바늘 끝이 닿는 순간 환자의 몸이 반응하는 것을 직감적으로 읽어 내는 나 자신을 보면서, 내 앞에 새로운 길이 열리고 있다는 것을 느꼈다.

그러나 기본만으로는 만족할 수 없었다. 나는 더 깊은 세계를 배우고 싶었다. 그래서 명의로 이름난 한의사를 찾아가 스승으로 모시고자 간청했다. 처음에는 번번이 거절당했다. 그는 내 열정을 의심했고, 나 같은 젊은이가 오래 버틸 수 있을지 회의적이었다. 하지만 나는 물러서지 않았다. 새벽이면 그의 집 앞을 지키고, 낮이면 다시 찾아가 고개 숙여 청했다. "제게 기회를 주십시오. 저도 누군가의 고통을 덜어줄 수 있는 사람이 되고 싶습니다." 수차례의 간절한 부탁 끝에, 마침내 그는 나를 제자로 받아주셨다. 스승님은 평생 갈고 닦은 비방(秘方)과 경험을 아낌없이 전수해 주셨다. 나는 마치 보물 창고를 하나하나 열어 가는 아이처럼 그 가르침을 받아들였다. 침술은 단순히 병을 고치는 기술이 아니라, 환자의 마음과 몸 전체를 읽어내는 지혜라는 것을 그때 알게 되었다.

○ 백장암에서 찾은 진리

교회에서 받은 상처는 생각보다 깊었다. 신앙이란 이름 아래 쌓였던 기대와 신뢰는 쉽게 무너졌고, 무너진 자리에 남은 건 깊은 공허였다. 그래서 나는 불교를 향해 눈길을 돌렸다. 한방 서적 몇 권을 가방에 넣고, 지리산 깊은 산자락에 자리한 백장암으로 향했다. 백장암은 말 그대로 세상과 단절된 곳이었다. 구름이 산허리를 감싸 안고, 침묵이 골

짜기를 채우는 그곳엔 시간마저 느리게 흐르는 듯했다. 아침이면 목탁 소리에 산새들이 화답했고, 밤이면 별빛이 지붕 위에 내려앉았다. 말소리는 줄고, 눈빛은 깊어졌으며, 하루의 대부분은 묵언 속에서 지나갔다. 그곳에서 나는 스님들과 함께 수행에 임했다. 마음을 비우는 일, 생각을 내려놓는 일, 내 안의 번뇌를 가만히 들여다보는 일. 처음엔 고요함이 좋았다. 단순한 밥상과 청명한 공기, 자연과 하나 되는 삶 속에서 나는 차츰 안정을 되찾는 듯했다.

하지만 이상하게도, 수행이 깊어질수록 내 안에는 오히려 더 큰 혼란이 피어올랐다.

"나는 어디서 왔는가? 세상은 어떻게 시작되었는가?"라는 질문을 던질 때마다, 내 머릿속에서는 너무도 뚜렷한 대답이 들려왔다. "하나님이 만드셨다." 아무리 그 생각을 지워 내려 해도, 마치 불빛처럼 다시 떠올랐다. 나는 고개를 흔들며 애써 그 음성을 밀어냈다. 하지만 생각을 비우려 하면 할수록 오히려 더 선명해졌다. 결국 몇 달간의 고뇌 끝에 주지 스님을 찾아가 솔직하게 털어놓았다. 스님은 잠시 나를 바라보더니, 빙그레 웃으며 말씀하셨다.

"자네는 여기 있을 사람이 아니네. 이제 그만 내려가게."

그 말 한마디에, 나는 갑자기 울컥하고 말았다. 그토록 오랫동안 참고 눌러왔던 감정이 스르르 무너졌다. 마치, 오래 길을 잃은 나그네가 마침내 돌아갈 길을 찾은 듯한 순간이었다.

백장암을 떠나는 날, 나는 길 아래로 흐르는 안개 속을 걸으며 마음 깊이 깨달았다.

내가 아무리 멀리 떠나도, 내 안에서 지워지지 않았던 그분—바로 하나님이, 처음부터 나를 붙들고 계셨다는 것을.

돌고 돌아 다시 믿음의 자리로 돌아온 나는 깨달았다. 진리는 숨는다고 사라지는 것이 아니며, 진짜 빛은 마음을 닫아도 여전히 찾아온다는 것을.

○ 군대, 뜻밖의 부르심

군 입대 후, 나는 강원도 홍천에 있는 11사단 사령부에 배치되었다. 혹독한 훈련이 이어지던 어느 날, 참모장님의 목이 돌아가지 않는 위급한 상황이 발생했다. 군의관을 포함해 여섯 명의 의료 요원이 소집되었고, 나도 그 자리에 불려 갔다. 앞서 나선 다섯 명이 온갖 시도를 했지만 참모장의 목은 조금도 움직이지 않았다. 분위기가 점점 무거워졌다. 마지막으로 내 차례가 되자, 나는 침을 집어 들며 떨리는 손을 진정시켰다. "지금까지 배운 것을 모두 쏟아 내자." 숨을 고르고 침을 놓았다. 몇 분 후, 참모장이 "어, 돌아간다!" 하고 고개를 움직였다. 주변은 탄성으로 가득 찼고, 나는 안도의 한숨을 내쉬었다.

그 일은 곧 사단장에게 보고되었다. 나는 일반 병영 생활 대신 사단장 관사로 거처를 옮기게 되었고, 사단장의 주치의라는 특권을 누리게 되었다. 수많은 군인들을 치료하며 임상 경험을 쌓았고, 점차 '실력 있는 침술사'로서 명성을 얻게 되었다.

제대 후, 나는 이미 소문난 침술사가 되어 있었다. 좌골신경통이나 디스크처럼 당시에는 치료가 어려웠던 환자들이 줄을 서서 나를 찾았고, 큰 돈을 벌게 되었다. 그 돈으로 학생들에게 장학금을 주고, 어려운 이웃을 도왔다. 하지만 동시에 술을 마시며 방탕하게도 살았다. 부와 명예, 내가 원하던 모든 것을 손에 넣었지만, 이상하게도 마음 한구석은 언제나 비어 있었다. 새벽녘, 혼자 돌아와 불 꺼진 방에 앉아 있으면 깊은 허무가 몰려왔다.

그때 특별한 사건 하나가 내 마음을 흔들었다. 어머니의 "하나님께 바쳐진 아이"라는 말씀이 불현듯 떠올랐다. 죽음의 문턱에서 기도로 살아난 내가, 결국 걸어가야 할 길은 이미 정해져 있었다는 것을 깨달았다.

나는 명의로서의 길을 내려놓고, 총신대학교 신학과에 입학했다. 목사가 되기 위한 새로운 여정을 시작한 것이다. 방황하던 나를 끝내 포기하지 않으시고, 다시 불러 주신 하나님의 손길이 그때 내 인생의 방향을 완전히 바꾸어 놓았다.

총신대 시절 : 사명의 준비

총신대학교의 교문을 처음 들어서던 날, 내 마음은 묘한 설렘과 불안으로 뒤섞여 있었다. 오래 방황하다가 어렵게 붙잡은 길이었지만, 내 안 깊은 곳에서는 여전히 질문이 사라지지 않았다.

"정말 이 길이 나의 길일까? 내가 목사가 될 수 있을까? 아니면 단지 '하나님께 바쳐진 아이'라는 짐 때문에 억지로 선택한 건 아닐까?"

그 답을 찾기 위해 나는 종종 학교 뒷동산의 바위에 올랐다. 도시의 소음이 닿지 않는 그곳에서, 나는 홀로 앉아 바람 소리를 들으며 하늘을 올려다보았다. 바람이 뺨을 스칠 때면, 내 가슴속에서 웅어리진 의문들이 속삭였다.

"하나님, 제 길을 보여 주세요. 정말 이것이 맞는 길이라면 제게 확신을 주세요."

밤이 깊어 모두가 잠든 시간, 나는 빈 채플실로 발걸음을 옮겼다. 커다란 예배당은 고요했고, 천장의 불빛조차 희미했다. 홀로 무릎 꿇고 앉아 기도할 때, 그 적막은 내 영혼 깊은 곳을 비추는 거울 같았다.

"하나님, 저를 이곳에 보내신 뜻이 무엇입니까?"

내 기도는 때로는 울음이 되었고, 때로는 뜨거운 침묵이 되었다.

그러던 어느 날, 문득 시선이 멈춘 곳이 있었다. 채플실 맨 앞자리에, 매일 밤 눈물로 기도하는 한 학생이 있었다. 은빛 머리칼이 섞인 듯 보여서 나와 비슷한 또래일 거라 생각했지만, 가까이 다가가 보니 고등학교를 갓 졸업한 청년이었다. 그가 바로 박일규, 총신대에 차석으로 입학한 수재였다. 반백처럼 보였던 머리는 알고 보니 새치가 많아서 생긴 오해였다. 그와의 만남은 내 신학교 생활에 큰 변화를 주었다. 나보다 어린 나이였지만, 그의 기도는 진지했고, 하나님을 향한 열정은 불타올랐다. 함께 기도하고, 함께 공부하며, 우리는 어느새 단짝이 되었다. 그의 모습은 나를 부끄럽게 했고, 동시에 깊은 도전이 되었다. "목회자의 길"이 단지 의무가 아니라, 온 존재로 하나님을 사랑하고 찾는 길이라는 사실을 나는 그의 눈물을 통해 배웠다.

○ MLTC, 선교사의 꿈을 키우는 둥지

어느 날, 우리는 선교사님들을 위해 특별히 기도하는 시간을 가졌다. 그 자리에서 내 마음 깊은 곳에 강한 울림이 밀려왔다.

'하나님의 말씀을 전하려면 언어가 필요하다. 영어를 배워야 한다.'

그 순간이 내 인생의 또 다른 전환점이었다. 나는 뜻을 같이할 친구들을 찾기 시작했다. 마침 박일규를 비롯한 다섯 명의 열정적인 동역자들이 마음을 합쳤고, 우리는 작은 서클을 만들었다. 이름하여 MLTC(Mission Language Training Circle). 말 그대로 선교사 언어 훈련 모임이었다. 우리의 목표는 단순했지만 분명했다. 영어를 배우는 것, 그리고 선교사들을 위해 기도하는 것.

학교는 우리의 열정을 알아보았고, 전용 서클룸을 허락해 주었다. 그 방 안에서 우리는 새로운 세상을 열어 갔다. 규칙은 단순했다. 문을 열고 들어서는 순간부터 나오는 순간까지 오직 영어만 사용하기. 서툰 발음이 쏟아져 나오고, 때로는 문법이 뒤죽박죽이었지만, 우리는 서로를 보며 웃었고, 그 웃음은 다시 격려가 되었다.

그러나 우리의 모임은 단지 언어 훈련에 그치지 않았다. 밤이 깊어 갈수록 우리는 무릎 꿇고 기도했다. 선교사들의 이름을 하나하나 불러 가며, 그들의 사역과 가정을 위해 간절히 중보했다. 작은 방 안은 눈물과 간절함으로 가득 차 있었고, 그 열기는 마치 불길처럼 우리의 심장을 태웠다. 그 뜨겁던 시간들 속에서 우리는 배웠다. 언어를 배우는 것은 단순한 기술 습득이 아니라, 복음을 위한 도구라는 것을. 기도는 단순한 종교적 행위가 아니라, 세상을 움직이는 하늘의 힘이라는 것을. 그리고 함께 울고 웃는 동역자야말로 하나님이 주신 가장 큰 선물이라는 것을.

그러던 어느 날, 기도 중에 내 마음속에 분명한 음성이 울려 퍼졌다.
"네가 선교사로 나가는 것은 어떻겠니?"
그 순간, 마치 오랫동안 찾던 답을 발견한 듯 온몸에 전율이 흘렀다. 내 안을 짓누르던 불안과 의문이 눈 녹듯 사라졌다.
"그래, 이것이 나의 길이다."
나는 결심했다. 더 이상 방황할 이유가 없었다.
신학교 3학년 때부터 방학마다 MTI(Missionary Training Institute)에 들어가 훈련을 받았다. 낮에는 성경과 언어를 배우고, 밤에는 하나님께 무릎 꿇고 내 소명을 확인했다. 그 훈련의 시간들은 나를 단련시키는 용광로였다.

총신대학교에서의 나날은 그렇게 나를 '하나님께 바쳐진 사람'에서, '하나님께 헌신하기로 결단한 사람'으로 바꾸어 놓았다. 이제 나는 마침내, 하나님이 나를 위해 예비하신 길을 분명히 붙잡을 수 있었다.

결혼: 깡통을 함께 찰 동반자를 찾아서

내 나이 서른. 주위에서는 결혼 이야기를 슬슬 꺼냈고, 나 역시 '때가 되었다'는 부담을 느끼고 있었다. 결국 우리 서클 안에서는 특별한 조직 하나가 생겨났다. 이름하여 '결혼 준비 위원회'. 범희태가 위원장을 맡고, 1985년을 '배상호 결혼의 해'로 선포했다.

그때부터 맞선 행렬이 시작되었다. 무려 50여 차례. 그러나 나는 만남이 시작될 때마다 늘 같은 질문을 던졌다.
"저는 평생 하나님의 일을 하며 살아야 합니다. 그러니 저와 함께 깡통을 찰 준비가 되어 있으신가요?"

대부분의 여성들은 순간 표정이 굳었다. 어떤 이는 어색하게 웃었고, 어떤 이는 곧바로 화제를 돌렸다. 내 질문은 단순한 농담이 아니라, 내 인생을 함께 걸어가 줄 동반자를 찾는 진지한 고백이었다. 하지만 그 길을 함께 가겠다는 사람을 찾는 일은 생각보다 훨씬 어려웠다.

○ 숨겨진 보배, 깡통을 함께 찰 사람

그러던 1984년 가을, 한 친구의 결혼식에서 뜻밖의 순간이 찾아왔다. 결혼식은 내 단짝 박일규의 가족이 다니는 교회에서 열렸고, 그의 누나와 동생도 참석했다. 예전에 안면 신경 마비로 고생하던 그의 누나를 침으로 치료해 준 적이 있었기에, 우리는 서로 얼굴 정도는 아는 사이였다. 결혼식이 끝난 후, 그녀가 인사를 건네며 내 옆을 지나가던 순간, 내 마음속에서 분명한 음성이 울려왔다.

"내가 너를 위해 준비한 너의 짝이다."

나는 얼른 그 목소리를 외면했다. 단짝 친구의 누나와 결혼한다니, 도무지 상상할 수 없는 일이었기 때문이다.

며칠 뒤, 일규가 기숙사에 찾아와 누나 이야기를 들려주었다. 누나는 어릴 적부터 예쁘고 영특하여 가는 곳마다 칭찬을 독차지했단다. 학교에서도 늘 1등을 하여 장학금을 받으며 공부했지만, 동생들을 위해 대학 진학을 포기하고 은행에 들어가 가장 노릇을 했다고 했다.

"형님, 우리 누나는 숨겨진 보배예요. 형님이랑 잘 어울릴 것 같아요."

그의 이야기를 들으며 내 마음은 크게 움직였다. 무엇보다도, 동생들을 위해 자신의 꿈을 내려놓을 수 있는 헌신과 희생 정신이 깊은 울림으로 다가왔다. '깡통을 함께 찰 사람'을 찾던 나에게, 그녀는 이미 하나님의 대답처럼 보였다.

드디어 일규의 소개로 우리의 만남이 이루어졌다. 나는 그날도 어김없이 같은 질문을 던졌다.

"평생 나와 함께 깡통을 찰 준비가 되어 있나요?"

그녀는 살짝 웃으며 대답했다.

"그건 제가 원하던 삶이에요. 깡통을 차는 건 좋지만, 대신 굶고는 못 삽니다. 굶기지는 말아 주세요."

그 순간, 나는 확신했다. 바로 이 사람이라는 것을.

뒤에 들은 이야기지만, 그녀 역시 이미 선교사로 헌신한 상태였고, 선교사로 나갈 사람이 아니라면 결혼하지 않겠다고 결심했었다고 한다. 내가 선교사 후보생이라는 사실, 그리고 믿음직한 동생의 추천이 그녀를 단번에 결심하게 만들었다는 것이다.

결국 나는 마음속에 있던 다섯 명의 후보를 모두 접고, 박일규의 누나, 숙경 자매를 아내로 선택했다. 1985년 2월 12일, 국회의원 선거가 있던 날, 나는 그녀에게 정식으로 프로포즈를 했고, 두 달 뒤인 4월 20일, 우리는 마침내 하나가 되었다. 긴 방황의 끝, 하나님께서 예비하신 동반자를 만난 것이다.

○ 믿음 선교의 시작

결혼 당시, 아내는 은행원으로 안정적인 직장 생활을 하고 있었고, 나는 총신대학교 4학년에 재학 중인 신학생이었다. 우리의 가슴 속에는 하나님 나라를 향한 선교의 불꽃이 타오르고 있었지만, 현실은 녹록지 않았다. 졸업을 앞둔 학업의 마무리, 선교를 위한 준비, 그리고 첫딸 혜진이의 출산과 양육까지—모든 것이 우리에게는 벅찼고, 경제적으로는 감당하기 어려운 시간들이었다.

그럼에도 우리는 선택했다. 세상의 계산이 아닌, 믿음의 결단을. 바로 '믿음 선교(Faith Mission)'였다.

허드슨 테일러처럼, 우리는 사람의 도움보다 하나님의 공급하심을 신뢰하기로 마음을 정했다. 아내는 과감히 직장을 내려놓고 신학 공부를 시작했으며, 어린 혜진이는 장모님의 손에 맡겼다. 내가 교육 전도사로 받는 사례비는 한 달에 17만 원. 그것은 우리 부부의 등록금을 내기에도 턱없이 부족한 금액이었다. 하루하루가 막막했고, 미래는 불투명했다.

하지만 믿음의 길 위에서 놀라운 일들이 벌어졌다.

우리는 누구에게도 도움을 청한 적이 없었다. 그러나 필요할 때마다, 마치 약속이라도 했던 것처럼 누군가의 손길을 통해 꼭 필요한 만큼의 재정이 채워졌다. 생활비가 떨어질 때, 집을 구해야 할 때, 등록금을 내야 할 때—하나님은 언제나 기가 막힌 방법으로 우리의 필요를 채우셨다.

그때 우리의 삶에는 예산이라는 개념이 존재하지 않았다. 수입은 항상 부족했고, 계획을 세우기엔 너무나 불확실했지만, 매달 말이 되면 어김없이 깨달았다. "이번 달도, 모자람 없이 채워주셨구나."

이 기적 같은 경험들은 단지 경제적 어려움을 이겨 낸 것을 넘어, 우리 부부의 믿음을 깊고 단단하게 세워 주었다. 인간적인 계산이나 안전망 없이, 오직 하나님만을 의지하며 사는 법을 배웠다.

그 훈련은 이후 선교지에서, 또 수많은 삶의 고비마다 우리를 지탱해 준 든든한 기초가 되었다. 믿음으로 시작한 여정, 믿음으로 살아가는 삶. 그 첫 걸음은 작고 흔들렸지만, 하나님의 손은 한 번도 우리를 놓지 않으셨다.

아프리카로의 부르심과
선교 초기의 도전

○ 선교사로의 출발

결혼 후 5년, 긴 준비의 시간을 지나 마침내 1990년 12월 16일, 우리는 우간다 선교사로 파송을 받았다. 그리고 이듬해 4월, 아프리카 내지 선교회(AIM) 본부가 있는 호주로 향하는 비행기에 올랐다. 그때 아내는 셋째 아이를 임신한 상태였다.

그 시절 한국 사회는 '둘만 낳아 잘 기르자'는 강력한 산아제한 정책 아래 있었기에, 셋째 임신은 기쁨보다는 부담과 죄책감이 먼저 밀려왔다. 누구에게도 이 사실을 알리지 못한 채, 우리는 무거운 비밀을 안고 조용히 출국 준비를 했다.

다섯 살 딸, 한 살 아들, 그리고 셋째를 품은 아내와 함께 조국을 떠나던 날—내 마음은 이루 말할 수 없이 먹먹했다. 비행기가 활주로를 박차고 오르는 순간, 옆에 앉은 아내는 끝내 흐느낌을 멈추지 못했다. 그녀의 눈물이 말해 주었다. "다시는 한국 땅을 밟지 못할 수도 있다. 이 어린 아이들을 데리고 과연 험난한 길을 가는 것이 옳은 선택일까?"

창밖으로 멀어져 가는 한반도의 지형은 우리에게 벅찬 기대와 함께 무겁디무거운 두려움을 안겨 주었다. 우리의 선교 여정은 그렇게 눈물과 떨림 속에 시작되었다.

호주는 '지상 낙원'이라 불리는 땅이었다. 그러나 우리에게 그곳은 선교를 위한 치열한 훈련장이었다. 선교사 오리엔테이션과 영어 훈련이 시작되었고, 본부에서 마련해 준 집에 머물며 낯선 환경에 적응해야 했다. 호주에서 자동차 없이 생활하는 일은 예상보다 훨씬 불편했다. 매일 아침, 나는 딸 혜진이를 유치원에 데려다주고, 아내와 함께 한 살 난 성주를 데리고 훈련원으로 향했다. 수업이 진행되는 동안 성주는 1층 놀이방에서 하루를 보냈다. 그때 놀이방을 운영하시던 마가렛 사모님이 우리의 형편을 알고 종종 성주를 돌봐 주시곤 했다. 그분의 배려는 외국 땅에서 맞닥뜨린 첫 번째 '하나님의 손길'이었다.

○ **나그네의 삶, 그리고 '레이'의 은혜**

1991년 8월 2일, 셋째 아이의 출산일이 다가왔다. 그러나 기쁨의 순간을 기다리던 우리에게 예상치 못한 진단이 내려졌다. 아이가 거꾸로 서 있다는 것이다. 의사는 단호하게 제왕절개 수술을 권했다. 한국에서 두 아이 모두 역아였지만, 부지런히 운동을 한 덕분에 자연 분만이 가능했기에 이번에도 그렇게 될 줄 알았다. 하지만 상황은 달랐다. 아이는 꿈쩍도 하지 않았다.

출산보다 더 큰 고민은 아이들을 맡길 사람이 없다는 점이었다. 멀리서 장모님이 오셔서 손주들을 돌봐 주셨지만, 낯선 환경과 무리한 돌봄이 이어지면서 결국 출산 직전, 갑작스럽게 안면 신경 마비로 눕고 말았다. 눈앞이 캄캄해졌다. 산모와 태아는 병원으로 향해야 하는데, 어린 두 아이를 누구에게 맡길 수 있을까?

절체절명의 순간, 하나님의 손길이 다가왔다. 우리가 출석하던 교회의 레이 목사님과 마가렛 사모님 부부가 아이들을 돌봐 주겠다고 자원한 것이다. 전혀 기대하지 못했던 응답이었다. 마치 광야에서 만나를 내려 주시는 하나님의 은혜 같았다. 우리는 태어날 아이의 이름 속에 그 은혜를 새겨 넣고자 셋째의 영어 이름에 레이(Ray) 목사님의 이름을 담게 되었다. 하나님의 빛, 그리고 이 땅에서 우리를 돌봐 주신 따뜻한 손길을 기억하는 이름이었다.

 호주에서 보낸 1년 가까운 시간은 그야말로 '나그네의 삶'이었다. 자동차 한 대 없이, 친척 하나 없는 땅에서, 언어와 문화도 낯선 환경 속에서 하루하루를 버텨야 했다. 그러나 그 고단한 길 위에서 우리는 수많은 도움을 받았다. 마가렛 사모님의 따뜻한 돌봄, 레이 목사님의 희생적인 배려, 그리고 이름조차 알 수 없는 호주 성도들의 작은 친절들….
 그 모든 순간은 우리에게 한 가지 진리를 분명히 가르쳐 주었다.
 "하나님은 언제나 당신의 사람들을 통해 우리와 함께하신다."

 특히 성현이의 이름 속에 담긴 '레이'는 우리가 나그네로 살던 시절 받은 은혜를 잊지 않게 해 주는 감사의 증표가 되었다. 아이의 이름을 부를 때마다, 우리는 광야 같은 호주의 그 시절을 떠올린다. 아무것도 없었지만, 하나님은 늘 충분하셨고, 언제나 필요한 사람들을 보내 주셨다는 사실을 잊지 않게 하신다.

땀과 눈물로
다듬어진 명품,
선교사 삶

아프리카를 향한 험난한 여정

1992년 1월, 세계는 거대한 격동의 소용돌이 속에 있었다. 동독의 붕괴와 독일의 통일, 그리고 70년 가까이 지속되던 냉전의 상징이던 소련의 해체…. 베를린 장벽이 무너지고 자유의 물결이 일렁이는 가운데, 전 세계는 새로운 질서와 혼돈 속에 요동치고 있었다.

그러나 세상의 소란과는 무관하게, 우리는 조용히 아프리카행 비행기에 몸을 실었다. 그 당시에는 아프리카로 향하는 직항 노선이 없었다. 호주 시드니를 출발해 싱가폴에서 여섯 시간을 대기하고, 다시 인도양의 작은 섬 모리셔스로 날아가 무려 14시간을 견뎌야 했다. 낯선 공항 대합실에서, 어린 세 아이는 모기떼와 피로에 시달리며 칭얼거렸다. 우리는 지쳐가는 아이들을 달래며, 끝이 보이지 않는 기다림 속에서 초조하게 다음 비행기를 기다렸다.

마침내 50여 명이 겨우 탈 수 있는 작고 낡은 비행기에 오르는 순간, 우리의 긴장감은 극에 달했다. 이륙 직전, 승무원이 나타나 모기약 스프레이를 들고 기내 앞자리에서부터 끝자리까지 "치이이익—" 요란한 소리를 내며 뿌리고 지나갔다. 순식간에 독한 화학약품 냄새가 기내를 가득 메웠고, 승객들은 연신 기침을 터뜨렸으며 아이들은 공포에 울음을 터뜨렸다.

덜컹거리며 흔들리는 낡은 비행기 속에서, "이제 들어가면 다시는 돌아오지 못할지도 모른다"는 불안이 우리를 엄습했다. 그 순간, 우리가 가는 길은 단순한 여행이 아니라, 삶의 모든 것을 걸어야 하는 험난한 여정임을 깊이 깨달았다.

아프리카 우간다 도착: 격동의 역사와 새로운 일상

3일간의 길고 고단한 여정 끝에, 마침내 우리는 우간다의 엔테베 국제공항에 발을 디뎠다. 겉으로는 평화로운 이 공항은, 그러나 1976년 세계를 뒤흔든 '엔테베 작전'의 현장이었다. 팔레스타인 테러리스트에게 납치된 항공기가 이곳에 억류되었고, 이스라엘 특공대가 4,000km를 날아와 90분 만에 인질들을 구출해 낸 역사적 사건. 당시 우간다의 독재자 이디 아민이 테러범을 비호했기에, 이 공항은 한때 국제 뉴스의 중심에 섰던 곳이었다. 그런 역사의 무게를 품은 땅에 우리가 서 있다는 사실은, 앞으로 우리가 맞이할 우간다의 현실을 미리 보여 주는 듯했다.

우리를 맞이한 사람은 AIM(Africa Inland Mission) 우간다 대표 고든 선교사님이었다. 그와 함께 수도 캄팔라로 향하는 길은 마치 1960년대 한국 시골로 돌아간 듯한 풍경을 보여 주었다. 붉은 흙길 위로 흙먼지가 뿌옇게 일었고, 초가집 지붕 아래선 저녁 연기가 피어올랐다. 나무 그늘 아래 여유롭게 모여 있는 사람들, 푸른 나무와 붉은 흙이 어우러진 풍경은 낯설지만 묘하게 정겨웠다. 그 길 위에서 나는 생각했다. "이곳에서 새로운 삶이 시작되는구나."

다음 날, 고든 선교사님은 우리를 데리고 쉐라톤 호텔로 가서 점심을 사 주셨다. 소박한 식사였으나, 계산하는 순간 우리의 눈은 휘둥그레졌다. 선교사님이 꺼낸 것은 007 영화에 나올 법한 낡고 두툼한 서류 가방. 그 안에는 다발로 묶인 지폐들이 가득 들어 있었다. 점심값은 일인당 15,000실링. 그러나 당시 가장 큰 단위는 1,000실링뿐이었기에, 몇 장의 지폐로는 부족했다. 결국 선교사님은 돈다발 여러 뭉치를 꺼내어 계산대에 올려놓아야 했다. 한국에서는 지갑 속 몇 장의 지폐로 충분했지만, 이곳 우간다에서는 작은 금액 하나를 지불하기 위해서도 돈 가방을 따로 들고 다녀야 했다. 그 순간, 이곳의 삶은 한국에서의 일상과는 완전히 다른 방식으로 흘러가리라는 것을 실감했다.

첫 선교지, 아루아에서

○ 죽음을 춤으로 보내는 사람들의 교훈

MAF의 작은 경비행기 문이 열리던 순간, 적도의 열기가 마치 기다렸다는 듯이 우리를 덮쳤다. 숨을 들이키는 것조차 뜨거웠고, 발밑에서는 붉은 흙먼지가 일었다. 그곳이 바로 우리의 첫 정착지, 우간다의 북서쪽 끝, 수단과 콩고 국경과 맞닿은 오지, 아루아였다.

우리가 도착한 계절은 하필 가장 뜨거운 건기였다. 현지인들은 흙과 풀로 지은 집에 살았지만, 선교사였던 우리는 동네에서 유일하게 양철 지붕으로 된 집에 머물러야 했다. 낮 동안 달궈진 지붕은 밤이 와도 식을 줄 몰랐다. 방 안은 마치 불가마처럼 뜨거웠고, 땀은 흘러내리다가 다시 증발하며 피부를 태웠다. 창문마다 방충망을 쳤지만 말라리아 모기는 집요하게 침투했다. 아이들은 한 주가 멀다 하고 고열에 시달렸다. 아내와 나는 아이들 옆에서 차가운 수건을 이마에 올려 주며 밤마다 애가 타도록 기도했다. 그러나 아이들의 숨결은 늘 뜨겁고 불안했다.

그런데 우리의 고통과는 대조적으로, 마을의 밤은 노래와 웃음으로 가득했다. 흥겨운 북소리와 박수, 그리고 환호가 어둠을 가르며 메아리쳤다. 어느 날, 나는 현지 지도자 솔로몬에게 묻지 않을 수 없었다.
"솔로몬, 사람들은 먹을 것도 없고 돈도 없을 텐데… 무슨 좋은 일이 있어서 매일 밤 잔치를 하나요?"
그의 대답은 내 가슴을 벼락처럼 내리쳤다.
"그건 잔치가 아니라, 장례식입니다."
솔로몬은 덧붙였다. 죽은 영혼이 하늘나라로 기쁘게 갈 수 있도록 온 마을이 모여 밤새 노래하고 춤을 춘다고. 고인의 시신은 집 옆에 묻히고, 가족의 일원으로 남아 그들을 지켜 준다고 믿는다고.

그 말은 내 사고의 틀을 송두리째 흔들었다. 우리는 죽음을 두려움과 상실로만 받아들이지만, 그들에게 죽음은 영혼의 여행을 축복하는 기쁨의 의식이었다. 그러나 그 기쁨은 동시에 잦은 죽음의 그림자를 전제하고 있었다. 말라리아와 알 수 없는 질병으로 인해 매주 서너 번씩 장례식이 열린다는 사실은 우리를 깊은 침묵에 잠기게 했다.
그 밤, 나는 뜨거운 공기 속에서 뒤척이며 생각했다. '죽음 앞에서도 노래할 수 있는 믿음, 그것이야말로 우리가 이곳에서 배워야 할 첫 번

째 교훈이 아닐까?'

○ 존재 자체에 대한 감사

아루아 사람들의 삶은 가진 것이 없었다. 물은 늘 부족했고, 전기란 말조차 사치였다. 물 한 컵으로 양치와 세수를 해야 했고, 샤워는 상상조차 할 수 없었다. 밤이면 모기장 하나 없이 잠들어야 했고, 아침이면 온몸이 벌겋게 물려 있었다.

그럼에도 불구하고 그들은 언제나 웃으며 인사했다. 시장길에서 숯 자루를 이고 아이를 업은 여인들은 "아와디포 아지씨(일해 줘서 고마워요)" 하고 인사했다. 남자들은 서로의 손을 잡고 길게 흔들며 안부를 물었다. 웃음은 대화의 끝마다 터졌고, 삶은 고단했지만 얼굴에는 늘 평안이 비쳤다. 나는 그들의 눈빛에서 알았다. 행복은 물질의 풍요가 아니라 존재 자체에 대한 감사에서 비롯된다는 것을.

아루아에서 아내는 특별한 경험을 했다. 당시 이곳의 화폐는 고액권이 없어, 물건 하나만 사도 돈다발을 세느라 십여 분이 걸렸다. 그런데 한국에서 은행원으로 일했던 아내가 나섰다. 100장의 지폐를 순식간에 부채처럼 펼쳐 세어 내려가는 그녀의 손놀림은 마치 마술 같았다.

주변의 현지인들은 "와아!" 하고 탄성을 지르며 몰려들었고, 아내는 하루아침에 마을의 스타가 되었다. 한국에서는 사람을 돈으로 평가하는 세상이 싫어 은행 일을 그만두었는데, 그 재능이 이곳에서는 환호를 받았다. 그 순간, 아내는 자신의 삶을 돌아보며 미소를 지었다. '하나님은 어떤 경험도 헛되이 하시지 않는구나.'

그러나 우리의 아루아 생활은 오래가지 못했다. 아이들이 끊임없이 말라리아에 걸렸고, 아내의 치아까지 흔들리는 위기를 맞았다. 선교 본부는 가족의 안전을 위해 수도 캄팔라로 철수할 것을 지시했다. 마음은 남고 싶었지만, 우리는 결국 8개월 만에 아루아를 떠나야 했다.

짧았던 시간. 그러나 아루아는 우리에게 지울 수 없는 흔적을 남겼다.

그곳에서 우리는 배웠다. 죽음 앞에서도 웃을 수 있는 믿음, 아무것도 없어도 서로의 존재만으로 감사할 수 있는 삶, 그리고 하나님께서 모든 경험을 소중히 사용하신다는 진리. 아루아에서의 시간은 짧았지만, 그 교훈은 지금까지 우리의 삶을 붙잡아 주는 빛이 되었다.

캄팔라에서의 새로운 사역과
기적의 생환

1993년 1월, 우리는 새로운 사역지인 우간다의 수도 캄팔라로 옮겨 왔다. 처음에는 모든 것이 낯설고 서툴렀지만, 사람들을 만나고 문화를 배우면서 마음속에 새로운 불씨가 타오르기 시작했다. 어느 날, 나카세로 시장 근처에서 'Back to God'이라는 푯말을 걸고 뜨겁게 기도하는 젊은이들을 보았다. 우간다의 부흥과 개혁을 갈망하며 무릎 꿇은 그들의 모습은 내 가슴을 요동치게 했다. 그들과 자연스레 교제하게 되었고, 그 모임의 지도자 피터슨 소지 목사를 만났다. 그는 이미 세상을 떠난 아내의 장례비로 들어온 조의금을 모아 땅을 사 두었고, 그곳에 "Rebeca Sozi Memorial Bible College"라는 신학교를 세워 차세대 지도자들을 양성하고 싶다고 했다. 나는 그의 눈빛 속에서 불타는 비전을 읽었다. 그 길이야말로 우간다 교회의 미래를 위한 길이라 확신했다.

그러나 내 열정을 나누었을 때 돌아온 것은 차가운 우려였다. 종교계 지도자들과 선배 선교사들은 입을 모아 말했다. "우간다에서 신학교를 운영한다는 건 '바위에 계란 던지기'와 같습니다. 학생 모집도 힘들고, 졸업해도 생계를 이어 가기 어렵습니다. 신학 교육 없이도 얼마든지 목사가 될 수 있는데 굳이 왜 신학교가 필요하겠습니까? 신학교를 통해 지도자를 양성하겠다는 것은 불가능한 일입니다."

그들의 현실적인 충고는 일리가 있었다. 그러나 지도자가 세워지지 않는다면 우간다 교회의 미래는 없다는 절박함이 내 마음을 사로잡았다. 재정도 준비되지 않았지만, 나는 하나님의 때를 기다리며 기도하기로 했다.

그리고 어느 날, 뜻밖의 하나님의 응답이 찾아왔다. 케냐에서 열린 선교사 수련회에 참석했을 때였다. 강사 목사님께 인사를 드렸는데, 그분이 숙소로 나를 불러 봉투 하나를 건네주셨다. 안에는 무려 3,000달러가 들어 있었다.

"이건 하나님이 주신 것입니다. 하나님이 기뻐하실 곳에 쓰세요."

처음 만난 분이었는데. 나는 즉시 깨달았다. 이 돈은 신학교를 시작하라는 하나님의 선물이었다. 그 돈으로 우리는 캄팔라 근교 무툰데 언덕에 자리한 작은 집을 빌려 신학교 준비를 시작했다.

1994년 1월 31일, 드디어 기다리던 우간다 개혁 신학교(Reformed

Thelogical College)의 개교식이 정해졌다. 그런데 이때, 우리를 후원하는 교회의 황목사님 내외분과 정목사님이 우간다를 방문하신다는 연락을 받게 되었다. 사실 교회에서는 우리의 선교 활동보다 가족의 건강과 안전을 더 염려하고 있었기에 신학교 시작을 알리지 않았는데, 뜻밖의 방문으로 두 분 목사님은 개교식에 함께하게 되었고, 그 자리에서 신학교의 비전에 깊은 감동과 도전을 받게 되신 듯하였다. 그러나 그 기쁨의 여운이 채 가시기도 전에, 우리 인생을 뒤흔드는 사건이 찾아왔다.

○ 붉은 흙먼지 길 위의 사고: '천사가 구해 낸' 기적의 현장

2월 1일 아침, 우리는 손님들과 함께 특별한 여정을 떠났다. 목적지는 우리가 처음 사역했던 오지 아루아였다. 우리 부부와 한국에서 오신 목사님 내외분, 동서인 최목사님, 현지 선교사님들까지 아홉 명이 두 대의 차량에 나눠 탔다.

10시간 넘게 이어지는 험한 비포장도로, 붉은 흙먼지가 하늘을 가득 메웠다. 잠시 차를 세우고 식사를 한 뒤, 손님들이 조금 더 편히 가실 수 있도록 차량을 바꿨다. 내가 유 선교사님의 차에 손님들과 함께 타고, 최목사님이 내 차를 몰았다.

출발하려던 그때, 무장 군인 네 명이 나타나 차를 태워 달라 했다. 이미 자리가 꽉 찼지만, 우간다에서 짐칸에 사람을 태우는 것은 흔한 일이었다. 어디서 나타난 군인들인지 몰라 섬뜩했지만 태워 달라고 하는데 거절할 수가 없는 상황이었다. 최목사님이 그 군인들을 짐칸에 태우고 뽀얀 흙먼지를 일으키며 먼저 출발했다. 우리는 앞차가 일으킨 흙먼지로 인하여 시야가 가려져 있었기 때문에, 안전을 위해 간격을 두고 조심스럽게 뒤를 따랐다.

그렇게 출발한 지 한 시간쯤 되었을까? 오르막길을 겨우 올라 내리막으로 접어드는 순간, 우리 차가 갑자기 휘청하더니 언덕 아래로 굴러 떨어졌다. 차 안은 아수라장이 되었고, 세상이 뒤집히는 충격 속에서 나는 의식을 잃었다. 뜨거운 적도의 태양 아래, 생사의 갈림길에 놓였다.

우간다에서의 교통 사고는 크고 작고를 막론하고, 적도의 뙤약볕 아래에서 응급 처치를 못해 방치되어 있다가 죽는 경우가 많았다. 당시에는 핸드폰은 물론이고, 전화도 없었기 때문에 사고를 알릴 방법이 없었다. 지나가던 다른 차가 있어서 발견이 되면 다행이고, 그렇지 않으면 그대로 방치될 수밖에 없었던 것이다. 그러한 상황을 잘 아는 나로서는 앞이 캄캄했다. 앞차는 이미 가 버렸기 때문에 우리의 교통 사고를 모를 것이고, 2-3시간 후에나 목적지에 도착하여 우리를 기다리며 궁금해할 터인데, 어떻게 해야 할지 대책이 없는 절망적인 순간이었다.

얼마나 시간이 흘렀을까, 절망과 고통 속에서 신음하고 있던 나에게 어렴풋이 아내가 달려오는 모습이 보였다. '아, 이제 살았구나!' 안도하는 순간, 아내는 나를 스쳐 지나가 의식을 잃은 채 쓰러져 있는 손님 목사님들에게로 향했다. "목사님~~, 사모님~~ 괜찮으세요?" 절규하듯 외치며 달려가는 아내의 모습에 "아니, 이럴 수가, 남편인 내가 눈에 안 보이나?" 순간 배신감이 들었다.

나중에 들은 이야기로는, 앞차에 탔던 군인들은 짐칸에 앉아서 뒤쪽을 바라보며 가던 중이라 멀리서 언덕 아래로 우리 차가 굴러 떨어지는 것을 볼 수 있었다고 한다. 그래서 창문을 두드리며 소리를 질러 차를 세워 사고 소식을 알렸고, 최목사님은 혼비백산하여 사고 현장으로 돌아왔다고 했다. 현장에 도착한 아내의 눈에 들어온 것은 사방에 흩어진 음식 그릇들과 죽은 듯이 쓰러져 있는 손님 목사님들이었다. 짧은 순간 아내는 내가 신음하는 소리를 듣고 살아 있음을 직감했다고 했다. 그래서 남편인 나보다 생사가 불분명하고 죽은 듯이 쓰러져 있는 손님들을 먼저 살피러 달려간 것이었다. 처음에는 못내 섭섭한 마음이 들었지만, 나중에 아내의 설명을 듣고 나니 그 긴박한 순간에도 이성적이고 민첩하게 배려심을 발휘한 아내가 진심으로 존경스럽고 고마웠다.

군인들을 픽업 트럭에 태웠던 것은 그야말로 '신의 한 수'였다. 그들이 없었다면 앞차는 사고가 난 것을 모르고 목적지까지 2, 3시간을 줄곧 달려갔을 것이다. 또한 군인들이 없었다면 의식을 잃고 쓰러진 건장한 목사님들을 옮길 수도 없었을 것이며, 그 주변에는 당연히 병원이 없을 것이라 생각하여 우리가 아는 쿨루바 병원까지 3시간 이상 달려야 했을 터인데, 만약 그랬다면 사고를 당한 우리의 생명은 사라졌을 것이다.

다행히 그 지역의 지리에 밝았던 군인들이 '그리 멀지 않은 곳에 있던 엔젤 병원(Angel Hospital)'으로 안내했고, 그곳에서 응급처치를 받을 수 있었다. 그곳은 가톨릭 선교사들이 운영하는 선교 병원이었다. 93년 당시에는 전화가 없던 시절이라, 라디오 무전을 통해 연락을 주고받아야 했다. 마침 그 병원에 무전 시설이 있어서 병원의 선교사님들이 무전을 이용해 한국 대사관에 우리의 사고 소식을 알렸다. 이틀 후, 우리는 에어 앰뷸런스의 도움을 받아 캄팔라로 돌아왔고, 한국에서 오신 분들은 케냐의 나이로비 병원으로, 그 다음 한국으로 긴급 후송되었다. 이 과정에서 아내는 부상당한 나를 뒤로하고 손님들을 돌보기 위해 케냐와 한국까지 동행해야 했다.

사람들은 이 사고를 두고 입을 모아 말했다.

"차 문이 잠겨 있었는데 어떻게 모두가 창문 사이로 튕겨 나올 수 있었을까? 차가 두세 번이나 구르며 찌그러졌는데, 어떻게 단 한 명도 차 밑에 깔리지 않았을까? 천사들이 한 사람씩 밖으로 끌어낸 것 같다."

그리고 몇 달 뒤, 같은 길에서 또 다른 사고가 일어났을 때, 그 현지인 주교는 그 자리에서 목숨을 잃었다. 우리의 경우와 비교하면, 그날의 생존은 그야말로 기적이었다. 나는 지금도 그날을 생각할 때마다, 가슴 깊이 고백할 수밖에 없다. 그것은 단순한 우연이 아니라, 하나님께서 직접 개입하신 사건이었다.

○ 사고가 불러온 놀라운 동역

그러나 이 이야기는 단순히 기적의 생존으로 끝나지 않았다. 하나님은 이 사고를 통해 새로운 길을 열어 주셨다. 동서인 최목사님은 "사고 나기 한 시간 전에 내가 앉아 있던 바로 그 자리의 지붕이 완전히 무너져 있었습니다. 내가 안전벨트를 하고 그 자리에 그대로 있었다면 즉사했을 것입니다."라며 당시의 전율을 생생히 회고했다. 그런데 차를 바꿔 타고 같은 자리에 앉았던 정목사님은 안전벨트를 하지 않아서 차 밖으로 튕겨 나간 탓에 살 수 있었다. 최목사님은 완전히 찌그러진 차를 보며 자신을 살려 주신 하나님이 우간다 선교사로 부르신다는 것을 깨달았고, 우리와 함께 사역하기로 헌신했다.

나의 단짝 친구인 박목사님도 한국을 방문한 아내를 통해 교통 사고 소식과 우간다 신학교의 필요성을 전해 듣고, 우간다 선교에 합류하게 되었다. 그는 당시 총신대학교 교수로 초빙된 상태였지만, "아내가 예전부터 선교사가 되고 싶었는데 우간다로 가자고 하네요" 하며 흔쾌히 우간다행을 결정했다. 이 두 가정의 합류는 우리에게 천군만마를 얻은 것과 같은 기쁨이었고, 외롭지 않은 동역의 길을 열어 주었다.

뿐만 아니라, 우간다에 잠시 머무를 예정이셨던 황목사님과 정목사님은 이 사고로 인해 계획보다 더 오래 머물게 되었다. 그 기간 동안 현지인들의 따뜻하고 진심 어린 보살핌을 받으면서 우간다 선교에 대한 깊은 애착을 가지게 된 것 같았다. 그 덕분에 신학교는 그분들의 적극적인 지지와 후원을 받을 수 있었다.

군인을 태운 일, 기적 같은 생존, 그리고 새로운 동역자들의 헌신. 그 모든 것은 결코 우연이 아니었다. 하나님은 절망의 한복판에서 응답하셨고, 작은 신학교를 통해 우간다 복음화를 위한 초석을 놓으셨다. 돌이켜보면, 하나님은 언제나 완벽한 장인이셨다. 가장 깨어지고 절망적인 순간조차 당신의 섭리 속에서 빛나는 걸작으로 빚어내셨다. 우리는 그 사건을 통해, 살아 계신 하나님의 세밀한 손길을 다시 한번 고백하지 않을 수 없었다.

○ 신학교에 불어닥친 시련, 전화위복

신학교가 첫 학기를 무사히 마치고 두 번째 학기를 시작했을 때였다. 모든 것이 이제 막 안정을 찾아가는 듯했지만, 뜻밖의 시련은 우리를 기다리고 있었다.

우리는 학생들에게 학비를 강요하지 않았다. 대신 학교 안에서 노동을 통해 학비를 대신하게 했다. 지도자가 될 사람들에게는 무엇보다 자립심과 근면이 필요했기 때문이다. 스스로 노력하지 않고 외부의 도움만을 바라는 의존성을 깨뜨려야 했고, 하나님의 일을 감당할 수 있는 사명의 뿌리를 길러야 했다.

그러나 학생들의 생각은 달랐다. 다른 선교사들이 운영하는 신학교에서는 무료 교육은 물론 교통비와 병원비까지 지원받는 일이 많았고, 어떤 경우에는 해외 유학의 기회까지 열리기도 했다. 학생들은 우리 학교도 당연히 그런 혜택을 줄 것이라 기대하고 있었다.

결국 어느 날, 운동장에 모인 22명의 학생 전원이 공개적으로 불만을 터뜨렸다.

"왜 일을 시킵니까?"
"왜 교통비와 병원비를 지원하지 않습니까?"
"왜 유학의 길을 열어 주지 않습니까?"
"왜 교회도 아닌 학교에서 매일같이 기도와 철야를 강요합니까?"

그들의 항의는 거세었다. 사실, 우리는 매일 새벽 기도를 한 시간 이상 시켰고, 점심 전에는 반드시 채플 예배를 드리게 했다. 금요일에는 철야 기도, 토요일에는 지역 전도를 나가게 했다. 학문보다 영성 훈련을 더 강조했으니, 학생들에게는 버겁고 때로는 억압처럼 느껴졌을 수도 있다.

하지만 우리의 눈에는 분명했다. 이미 선교 역사가 100년이 지난 우간다 교회가 여전히 외국 후원에 의존하며 자립하지 못하는 현실. 목사의 중요한 '업무'가 외국인과 기관을 찾아다니며 후원금을 모집하는 일이 되어 버린 현실. 이런 구조 속에서 자란 신학생들이 변하지 않는다면, 우간다 교회의 미래는 또다시 의존과 무기력 속에 갇히고 말 것이었다.

학생들의 목소리를 들으며 내 가슴은 무너져 내렸다. 정말 내가 너무 무리한 것은 아닐까? 영어조차 서툰 내가 과연 이 사역을 감당할 수 있을까? 이대로 신학교를 계속 운영하는 것이 맞을까? 믿음의 확신이 흔들리며 깊은 회의가 밀려왔다. 그러나, 그들의 요구에 답을 하지 않을 수 없었다. 우리는 신학교 문을 닫을 각오로 학생들 앞에 섰다.

"여러분을 위해 따로 보내 오는 후원금은 없습니다. 지금 신학교에 쓰이는 모든 비용은 원래 우리 가족의 생활비입니다. 한국 성도들은 아침부터 밤늦도록 땀 흘려 일한 대가를 하나님께 바치고, 그 귀한 돈으로 우리가 이곳에 있는 것입니다. '일하기 싫거든 먹지도 말라' 하신 말씀처럼, 신학을 배우고 싶다면 학비를 내든지, 아니면 일을 해야 합니다. 우리는 해외 유학을 후원하지 않을 것이고, 학문보다 기도와 말씀을 더 강조할 것입니다."

그리고 마지막으로 단호히 말했다.

"오늘 여러분의 행동은 잘못된 것이었습니다. 이 신학교에 남고 싶다면, 반드시 사과문을 제출하십시오. 또한 근로 장학금을 원한다면 신청서를 작성해 내십시오. 그 조건을 받아들이는 학생만 계속 교육을 받게 될 것입니다."

숨죽인 정적이 흘렀다. 결국 22명 중 11명이 학교를 떠났고, 11명이 남았다.

그런데 그때부터 기적이 시작되었다. 남은 학생들이 완전히 달라지기 시작한 것이다. 그들은 힘든 노동과 과제 속에서도 매일 새벽 기도를 거르지 않았고, 금요일 밤이면 밤새 철야 기도에 자원했고, 토요일이면 복음을 들고 마을로 나아갔다. 고향으로 돌아간 방학 때에, 이들의 달라진 삶을 본 주변 사람들은 놀라워했다.

"도대체 어떤 학교에 다녀왔기에 이렇게 변했단 말인가?"

그 물음은 결국 또 다른 사람들을 우리 신학교로 이끌었다.

우리는 그 놀라운 변화를 지켜보며 깨달았다. 인간의 방법으로는 결코 불가능한 일이었다. 하지만 하나님이 직접 일하시면, 계란으로 바위를 깨는 것도 가능하다는 사실을 똑똑히 보게 되었다.

그리고 고백할 수밖에 없었다.

"신학교를 세우신 분도, 학생들을 빚어 가시는 분도 하나님이시다."

○ 마신디, 영적 불모지에서 피어난 기적

1996년 여름, 개혁 신학교는 처음으로 선교 실습 프로젝트를 시행했다. 졸업을 앞둔 3학년 학생 11명이 3개월 동안 학교 밖으로 나가 실제 현장에서 훈련을 받는 과정이었다. 학생들은 기도하며 미전도 종족 지역을 탐방했고, 조사 끝에 선택된 곳이 마신디(Masindi)였다.

마신디는 우간다 중서부, 콩고 국경 인근에 위치한 지역으로, 수도 캄팔라에서 차로 4~5시간이면 도착할 수 있었다. 지리적으로는 외곽이 아니었으나, 종교적으로는 여전히 복음의 사각지대로 남아 있었다. 케냐, 수단, 르완다, 콩고 등 주변 국가에서 피난민들이 몰려와 다종족 집합지가 되었고, 이로 인해 영적 혼합과 무속적 전통이 뿌리 깊게 자리 잡았다. 특히 무당과 주술의 영향력이 강했고, 교회는 단 한 곳도 세워지지 못한 상태였다.

또한, 이 지역은 특별한 사회·문화적 특성을 갖고 있었다. 마신디 주민들은 집집마다 '술 바나나'를 재배해 발효주를 만들었는데, 어른뿐 아니라 아이들까지 술을 마시는 일이 일상이었다. 결과적으로 마을 사회는 음주 문화에 잠식되어 있었고, 도덕적·윤리적 기반은 크게 약화되어 있었다. 이러한 지역에 당시 영적 전사와 같이 기도로 무장되어 있던 우리 학생 11명은 큰 기대와 열정 속에 3개월간 그곳에서 복음을 전하기로 하고 들어갔다.

두 주쯤 지났을까. 이 학생들이 어떻게 하고 있는지 궁금하여 마신디를 방문했다. 그런데 놀랍게도 학생들 모두가 패전병과 같이 축 늘어진 채 "이곳에서는 아무래도 복음을 전하는 것이 어려울 것 같습니다"라고 하는 것이 아닌가.

그들이 설명하는 이유는 이러했다. 여기저기 한 집씩 떨어져 있는 가정들을 가가호호 찾아가 복음을 전하려고 하면 한결같이 술에 취해서 자신들의 이야기를 더 많이 쏟아 놓는 바람에, 그들의 이야기만 듣다가 돌아오곤 했다는 것이다. 그래서 다른 방법을 찾아 사람들이 모이는 시장이나 나무 그늘 아래에서 전도 집회를 열었다고 한다. 그런데 모여든 사람들 역시 신이 나서 춤추고 노래하면서 모임을 방해할 뿐 아니라, 술을 가지고 와서 마시고는 자신들에게 술을 권하며, "같이 놀자"고 하니, 전도 집회도 할 수가 없었다는 것이다. 이렇게 해도 안 되고 저렇게 해도 안 되니, '여기는 아닌가 보다' 하면서 포기하고 있었다고 한다.

그 얘기를 듣던 나도 "이 지역에서는 도저히 안 되겠구나. 그러니까 지금까지 교회가 하나도 세워지지 못한 채 불모지로 남아 있었구나" 싶었다. 그렇지만 신학교를 책임지고 있는 한 사람으로서 그래도 신학교 프로젝트로 야심차게 시작한 첫 번째 사역인데 이렇게 포기할 수는 없었다. 그래서 그동안 열심히 수고한 학생들을 격려하면서, 상황이 어렵다고 하여 지금 철수할 수는 없고, 어차피 3개월의 시간이 주어져 있으니까 복음을 전할 수 없으면 모여서 기도하고 함께 예배하면서 하나님의 인도하심을 기다려 보라고 할 수밖에 없었다.

낙심하고 있는 학생들을 뒤로하고 돌아와야 하는 우리의 발걸음은 한없이 무겁기만 했다. 학교로 돌아온 우리는 남아 있는 학생들과 함께 마신디 사역과 나가 있는 신학생들을 위해서 날마다 혼신을 다해 간절히 기도하며 하나님의 도우심을 구했다. 그리고 2주 후에 다시 마신디를 찾아갔다.

그런데 이게 웬일인가. 학생들의 얼굴빛은 이미 바뀌어 있었고, 온 세상을 차지한 사람들처럼 의기충천해 있는 것이 아닌가. 어떻게 된 사연인지 물어보았다. 2주 전에 우리가 떠난 바로 그 다음 날, 어느 할머니 한 분이 자신들을 찾아왔다고 한다. 할머니가 "나는 이 동네에 교회를 세워 달라고 몇 년째 하나님께 밤마다 기도하고 있었어요"라고 말했다. 그런데 몇 달 전에 캄팔라에서 날아온 불덩이가 자기 동네를 태우는 꿈을 꾸었다고 한다. 그 꿈이 너무 이상하고 선명해서 캄팔라에서 누가 오려나 기다리고 있었다는 것이다.

그곳은 워낙 광범위한 지역에 집들이 여기 저기 한 집씩 흩어져 있다 보니, 우리 학생들이 가가호호 방문을 했음에도 불구하고 그 할머니를 만나지 못했고, 2주가 지난 후에야 캄팔라에서 온 팀들이 예수님을 전하고 있다는 소식을 듣게 되었다고 한다.

그날 저녁부터 학생들은 두 팀으로 나누어, 한 팀은 할머니 집에서 할머니와 함께 철야 기도를 하고, 나머지 학생들은 숙소에서 기도했다고 한다. 낮에는 가가호호 전도를 하고, 해가 지면 전도 집회를 하는데, 놀랍게도 사람들의 분위기가 바뀌었다.

그리고 놀라운 사건이 이어졌다. 한 여인이 며칠간 아무것도 삼키지 못하던 아이를 안고 와서 기도를 요청했다. 학생 11명이 함께 간절히 기도한 끝에, 아이는 물을 조금씩 넘길 수 있게 되었고, 며칠 지나지 않아 결국 음식을 먹을 정도로 회복되었다. 이 소문은 주민들에게 강한 충격을 주었고, 복음에 대한 태도를 바꾸는 계기가 되었다.

그리하여 학생들이 3개월의 실습 기간을 끝내고 마신디를 떠날 때, 그곳에 "마신디 커뮤니티 교회(Msindi Community Church)"가 세워졌다. 학생들은 그 지역 출신 전도자인 에디가에게 그 교회를 돌보게 하고 신학교로 돌아왔다. 폴 바겐다가 신학교 졸업을 한 후에는 바겐다 목사를 중심으로 그 지역에서 예배와 교육, 그리고 계몽의 역할을 훌륭히 감당하게 되었다. 짙은 어둠에 덮혀 있던 흑암의 땅 마신디가 하나님의 역사로 인하여 희망의 땅으로 변모하게 되었다.

○ 법정 소환과 포체스트럼 대학 학위의 기적

우간다 개혁 신학교가 점차 자리를 잡고, "성경 중심, 개혁 신학"을 내세운 교육이 현지 교계에서 알려지기 시작할 즈음이었다. 그러나 안정은 오래가지 않았다. 하루는 신학교 앞으로 배달된 한 통의 서류 봉

투가 교직원들을 긴장시켰다. 발신처는 우간다 고등법원. 내용은 간단했다.

"불법 행위로 법정에 출두하라."

이해할 수 없는 고발장이었다. 우리는 며칠간 원인을 몰라 당혹스러워했다.

그 무렵, 신학교와 동역하던 소지 목사가 찾아왔다. 그는 미국에서 온 돈 던클리 목사에게 정규 강의 자리를 달라고 요청했다. 이미 학기가 시작된 상태라 신학교는 특강 정도는 가능하지만 정규 강좌는 어렵다고 정중히 거절했다. 그러나 그 순간 분위기가 돌변했다.

소지 목사는 던클리 목사와 교인 10여 명을 이끌고, 매일 신학교 주변을 돌기 시작했다. 마치 성경의 여리고 성을 모방하듯 말이다. 침묵 행렬은 기도인지 시위인지 구분하기 어려웠다. 유치원생이던 신학교 선교사 자녀들은 그들 대열에 끼어들어 장난삼아 함께 돌았고, 학생들은 강의실 창문 너머로 이 기이한 풍경을 어리둥절하게 지켜보았다. 진지해야 할 행렬은 순식간에 우스꽝스러운 장면으로 변질되었다.

뒤늦게 전모가 드러났다. 소지 목사는 영국과 미국의 후원자들에게 "내가 세운 신학교를 한국인 선교사들이 빼앗았다"고 보고하고, 던클리 목사까지 끌어들여 고소를 감행한 것이었다. 실제로 그는 후원금 명목으로 거액을 받아 내어, 개인 농장과 부동산을 구입해 온 정황이 밝혀졌다. 소지 목사의 교단과 해외 후원자들의 조사가 시작되면서 상황은 급반전했다. 비리가 폭로되자 고발은 효력을 잃었고, 신학교는 오히려 '정직하고 투명한 학교'라는 평판을 얻게 되었다. 우간다 교계 지도자 몇몇은 이 사건을 계기로 신학교 이사로 합류했고, 신학교는 사회적 신뢰를 확보하게 되었다.

그러나 진짜 전환점은 그 이후였다. 남아공 포체스트롬 대학교(Potchefstroom University for Christian Higher Education)와의 협력이 성사된 것이다. 이제 신학교 학생들은 우간다에서 공부하면서 동시에 BTh 학사 학위를 받을 수 있게 되었고, 나아가 BA Honours 과정까지 밟을 수 있었다.

이는 당시 우간다 신학 교육의 공백을 메우는 획기적인 진전이었다. 기존에는 신학 학위를 취득하려면 7년 이상 외국 유학을 가야 했고, 많은 이들이 귀국하지 않아 현지 지도자 공백이 심각했다. 신학교는 여러 나라의 대학과 접촉해 보았지만, 비용과 여러 가지 여건이 장벽이 되어 번번이 좌절했던 터였다. 그런데 예상치 못한 방식으로 길이 열린 것이다.

학위 인가를 위해 포체스트롬은 두 명의 교수를 파견해 일주일간 현장을 검증했다. 커리큘럼, 강의 수준, 교수진, 학생 관리까지 면밀히 조사했다. 결과는 놀라웠다. "학문적 기준이 충족된다"는 평가와 함께 학위 과정이 공식 승인되었다. 마지막으로 포체스트롬 측이 남긴 한마디는 잊을 수 없는 울림이었다.

"우리는 학문과 영성을 겸비한 학교라는 자부심을 가지고 있었습니다. 그러나 이제는 영성을 잃어버렸습니다. 우리가 가진 학문을 당신들에게 제공하겠습니다. 당신들이 가진 그 영적인 힘을 우리에게 나누어 주십시오."

신학교는 위기를 통해 단단해졌다. 우리는 큰 위기를 겪을 때마다 그 위기 뒤에 더 큰 축복이 숨어 있다는 것을 경험하면서, 더 이상 위기나 시련을 두려워하지 않게 되었다. 오히려 위기가 올 것을 예상하며 기다리게 되었고, 또한 그 뒤에 찾아올 하나님의 놀라운 축복을 기대하는 믿음을 갖게 되었다. 위기는 절망이 아니라, 새로운 기회로 가는 문이었던 것이다. 하나님은 우리의 예상을 뛰어넘는 방식으로 일하시며, 당신의 뜻을 이루어 가시는 분이었다.

위기를 넘어 새로운 비전으로

○ **영성훈련원의 시작**

신학교 사역이 어느 정도 자리를 잡아 가자, 내 마음속에는 또 다른 질문이 일기 시작했다.

"정식 신학 교육을 받지 못했지만, 목회 현장을 지키고 있는 수많은 목회자들을 어떻게 도울 수 있을까?"

그들은 교회의 이름도 없이, 책 한 권 변변히 읽을 수 없는 열악한 상황 속에서, 그러나 오직 복음을 붙잡고 양 떼를 지키고 있었다. 그들을 외면한 채 우리는 '학위'라는 울타리 안에서만 머물 수 없었다.

그때 떠오른 이름이 있었다. 바로 한국의 가나안 농군학교.
"한 손에는 성경을, 한 손에는 괭이를."
땀 흘리며 일하고, 말씀으로 삶을 세우며, '근로·봉사·희생'의 정신으로 한국 사회의 의식을 개혁했던 그 위대한 운동. 그리고 중보 기도와 공동체적 삶으로 세상과 교회를 품었던 예수원. 나는 두 흐름을 하나로 잇고 싶었다. 기도 끝에, 우리는 결심했다. 가나안의 실천적 훈련과 예수원의 깊은 영성을 결합한 새로운 형태의 영성훈련원을 세우자.

이 비전을 품자마자, 놀랍게도 하나님은 길을 열어 주셨다. 우연히 우간다를 방문한 한 미국 교포가 우리의 이야기를 듣더니, 주저하지 않고 후원을 약속한 것이다. 그 순간 나는 마치 하나님께서 미리 준비해 두신 퍼즐 조각이 맞춰지는 듯한 벅찬 감동을 느꼈다.

장소는 이미 준비되어 있었다. 신학교의 미래를 위해 미리 확보해 두었던 쾌타 지역 12만 평의 땅. 그중 만 평을 개간해 농장을 시작했다. 밀림을 헤치고 드러난 땅은 놀라울 정도로 비옥했다. 무엇을 심든 잘 자라 풍성한 수확을 안겨 주었다. 매번 거둬들이는 곡식은 단순한 농작물이 아니라, 하나님께서 주시는 확증 같았다.

농장 한편에는 교회와 숙소를 짓기 시작했다. 특히 사택에는 특별한 공간을 마련했다. 황토방과 숯방. 적도의 뜨거운 햇볕 아래서도, 우기철에는 차가운 습기가 몸속까지 파고들어 사람들을 지치게 만들었다. 그럴 때 따뜻한 온돌 위에 몸을 뉘면, 육체뿐 아니라 마음까지 녹아내리는 듯한 회복이 찾아왔다. 나는 그 방이 영성훈련원을 찾는 이들에게 단순한 숙소가 아니라 쉼과 치유의 거룩한 공간이 되기를 바랐다.

콰타의 영성훈련원은 신학교에서 함께 사역하는 동역자들에게 단연 최고의 쉼과 충전의 장소로 인기를 얻었다. 그렇게 영성 훈련원을 위한 기본적인 준비를 마쳤고, 우리는 본격적인 사역은 안식년 후에 돌아와 시작하기로 계획하며 한국으로 떠났다. 그러나 그때는 그 여정이 우간다와의 영원한 작별이 될 줄은, 꿈에도 알지 못했다.

○ 월드컵의 함성 속 한국과의 재회

2002년 여름, 한국은 그야말로 뜨겁게 달아오르고 있었다.
거리마다 붉은 물결이 일렁였고, 사람들의 목소리는 하나의 거대한 합창처럼 울려 퍼졌다. "대~~한~민~국!"

오랜 해외 생활 끝에 한국 땅을 밟은 우리 가족은, 안식년의 첫날처럼 들뜬 마음으로 광화문으로 향했다. 아이들의 눈에는 모든 것이 낯설고 어색했지만, 순간 광장에 들어선 순간 그들은 말문을 잃었다. 수십만 명이 붉은 티셔츠를 입고 어깨를 맞댄 채, 목이 터져라 함성을 지르고 있었다. 거대한 심장이 뛰는 듯한 진동, 하늘을 가르며 울려 퍼지는 함성, 그리고 얼굴마다 번지는 흥분과 눈물….
아이들은 처음엔 멀찍이 서서 어리둥절해했다. 하지만 이내 그 거대한 파도 속에 휩쓸려 들어가듯, 팔을 흔들고 목청을 높이며 함께 외치기 시작했다.

"대한민국! 대한민국!"

그날 아이들은 깨달았다. 한국은 단지 부모의 나라가 아니었다. 바로 자신들의 뿌리요, 자신들의 조국이었다. 그 함성 속에서 그들은 처음으로 한국을 온몸으로 느끼는 듯했다.

그해, 대한민국은 세계를 놀라게 했다. 누구도 예상치 못했던 월드컵 4강 신화. 새벽마다 잠을 설처가며 경기를 지켜보던 국민들은, 선수들의 투혼과 '붉은 악마'들의 길거리 응원으로 하나가 되었다. 한국은 더 이상 변방의 작은 나라가 아니었다. 뜨겁고 단단한 저력의 나라, 세계 축구사에 이름을 새긴 나라가 되었다.

나는 아이들과 함께 붉은 함성 속에서 눈시울이 뜨거워졌다.

우리가 떠나온 우간다의 푸른 대지와, 이 붉은 물결이 겹쳐졌다.

하나님께서 어디에 있든, 어떤 상황 속에 있든, 우리를 결코 놓지 않으신다는 사실을 다시금 실감했다.

우리는 영성훈련원의 사역을 안식년 후 다시 이어 가리라 기대했다. 그러나 하나님의 길은 언제나 우리의 계산을 넘어섰다. 콰타의 훈련원은 씨앗처럼 남았고, 우리의 발걸음은 다른 길로 향하게 되었다.

그러나 나는 안다. 위기는 끝이 아니라 새로운 시작이며, 하나님의 축복은 언제나 예상치 못한 순간에 문을 열어젖힌다는 것을. 콰타에서의 황토방과 광화문에서의 붉은 함성은, 지금도 내 가슴 속에서 하나의 이야기로 연결되어 있다.

아내, 박숙경 선교사의 고백

○ 질병 속에서 발견하게 된 나의 부끄러운 진실

1997년, 나의 건강이 급격히 나빠졌다. 몸이 천근만근 무거웠고, 밤잠을 설치는 날들이 이어졌다. 결국 사역을 더 이상 진행할 수 없는 상태가 되었는데, 남편의 침 치료도 소용이 없었다. 평소 건강했던 나는 아침부터 저녁까지 사역에 몰두할 수 있었지만, 어느 날부터인가 늘 피곤함에 시달렸고 마음에는 기쁨과 평화보다 짜증과 분노가 더 많이 찾아왔다.

우간다 개혁 신학교에서 우리 삼남매와 가족이 다른 가정들과 함께 팀 사역을 하는 모습이 주변 선교사들의 질투와 부러움의 대상이 되었던 것 같았다. 나를 향한 불편한 시선과 험담이 끊이지 않았다. 이런 저런 불편한 말들이 들려올 때마다 내 마음은 불쾌하고 무거워졌으며,

그 말을 하는 사람들을 향한 분노가 끓어올랐다. 아침에 기도할 때는 그들을 긍휼히 여기는 마음이 들었다가도 막상 얼굴을 마주하고 대적하는 듯한 분위기와 말을 들으면 다시 화가 나곤 했다. 이런 마음의 상태가 몸에도 좋지 않은 영향을 준 것 같았다. 몸이 힘들어지니 우간다 현지인들의 늘 받으려고만 하고 자신의 책임을 감당하지 않는 태도에 대해서도 짜증이 나기 시작했다.

하루를 시작하기 전에 아침에 드리는 기도의 영향력이 점심때까지는 지속되는 것 같은데, 오후가 되면 모든 면에서 무기력해지고 지치는 것이 일상이 되었다. 그러던 어느 날, 오른쪽 몸에서 마비 증세가 일어나기 시작했고, 얼마 지나지 않아 침대에서 몸을 일으키는 것조차 거대한 산을 넘는 것처럼 느껴지게 되었다. 일주일 중 3일은 겨우 일어나고, 4일은 누워서 업무를 감당해야 하는 심각한 상태가 된 것이다. 우간다에서는 더 이상 조치를 취할 수 없어 결국 치료를 위해 한국으로 나오게 되었다.

한국에 도착한 나는 살 소망이 없을 정도로 몸이 힘든 상황이었는데, 정작 병원 검사 결과는 아무런 이상이 없다고 했다. 머리끝부터 발끝까지 정상적인 부분이 하나도 없는 것 같은데 '이상 없다'는 기가 막힌 진단이라니, 나는 절망할 수밖에 없었다. 남편이 정성껏 지어 주는 한약을 복용하면서도 내 마음은 이미 주저앉아 있는 상태였다.

한국에 나와 있는 동안 만나는 성도들의 삶의 정황들을 들으면서 내 마음은 점점 더 복잡해졌다. 대충, 적당히 타협하면서 사는 사람들은 어려움 없이 잘 살아가고 있는데, 하나님께 충성하며 하나님의 뜻을 따라 살겠다고 하는 사람들은 모든 면에서 힘들어하는 것을 보게 되었기 때문이다. 마치 시편 기자가 이야기했던 것처럼 악인은 형통하게 사는데, 의인은 계속해서 고통을 당하며 소망이 끊어진 것과 같은 삶을 살아가고 있었고, 나 역시 같은 울부짖음을 주님께 올려 드리고 싶었다.

열심히 바르게 살려고 하는 사람들은 어려움을 겪고, 적당히 사는 사람들은 인생을 즐기면서 잘 살아가는 현실 앞에서 내가 사람들에게 줄 수 있는 메시지가 완전히 사라진 느낌이었다. 삶의 의미와 소망이 증발해 버린 것 같은 상황이었던 것이다. 나의 삶을 하나님께 드렸고, 가족과 자녀까지 하나님께 드리며 최선을 다해 달려온 삶의 대가가 육신의 질병이었고, 그것도 원인조차 알 수 없으니 치료받을 수도 없는 것이 나의 현실이었다. 나는 깊은 좌절감에 빠졌다.

아무런 해결책이 없는 현실 속에서 삶의 의미마저 사라졌기에 금식을 하기로 결정했다. 하나님께 마지막 질문을 던지듯, 금식을 선언했다. 금식하는 동안에 하나님께서 문제를 해결해 주시면 감사하고, 그렇지 않으면 음식을 끊고 삶을 마감하고자 하는 비장한 각오였다. 그때까지 나는 금식을 하루 이상 해 본 적이 없었다. 하루만 굶어도 온몸에서 식은 땀이 나면서 쓰러졌기 때문에 금식 대신 철야 기도를 드리겠다고 했었기 때문이다.

　금식을 하면서 기도를 하려고 했었지만, 깊은 낙심과 절망 속에 있던 나는 정작 기도를 할 수가 없었다. 그래서 방에 앉아 성경을 읽어 나갔다. 그런데 놀랍게도 하루도 금식을 해 보지 못했던 내가 3일간 금식을 하게 되었고, 전혀 배고픔을 느끼지 않아 힘들지도 않았다. 그리고 성경을 계속 읽는 중에 나의 부족함들이 보이기 시작했다. 나는 철저하게 하나님께 헌신했다고 자부했지만, 그 속에 자기의(自己義)가 견고하게 쌓여 있었다는 것을 비로소 알게 되었다. 그래서 하나님 앞에서 적당히 사는 사람들을 보면 용납하지 못했고, 그들을 향한 비난과 정죄의 메시지를 마음에 품고 있었던 것이다. 나의 오만함이 드러나는 순간이었다.

○ **나를 무너뜨린 남편의 사과문**

　그리고 '헌신하라, 충성하라'는 메시지만 보이던 말씀에서 '사랑하라, 용서하라'는 말씀들이 가슴으로 울리기 시작했다. 그러고 보니 내가 용서하지 못한 사람들이 많았고, 나는 사람을 진정으로 사랑하지 못했다는 것을 깨달았다. 나의 부족함과 완악함을 하나씩 십자가 앞에 내려놓게 되었다. 나를 용납하신 하나님 앞에서 누구도 정죄할 수 없다는 당연한 사실을 새삼 깨닫게 되었다.

용서하라는 말씀에 순종하기 위해 먼저 가까이 계신 부모님께 내가 그분들을 잘 이해하지 못했던 부분들을 고백하며 용서를 구하는 편지를 썼다. 그리고 남편에게도 같은 작업이 필요하다는 것을 느끼게 되었다. 남편에게 서로 잘못한 부분을 사과하고 용서하는 글을 적어 보자고 제안했다. 남편과 나는 각각 다른 방에 앉아 종이를 앞에 두고 깊이 생각했다.

그런데 아무리 생각해도 내가 남편에게 사과할 일이 무엇인지 떠오르지 않았다. 내가 남편에게 무엇을 잘못했는지 가르쳐 달라고 기도하고 있는데, 어느새 한 페이지를 빽빽하게 채운 종이를 남편이 나에게 건네주었다. 그 종이에 적힌 내용들은 모두 이러했다.

"당신이 나에게 이러이러하게 힘들게 해서 내가 당신에게 화를 낸 것을 용서해 주시오."

그다음에도 같은 내용이었다.

"당신이 나를 이러이러하게 화나게 만들어서 내가 화를 낸 것을 용서해 주시오."

종이 한 장에 빽빽하게 적힌 내용을 읽으면서 처음에는 화가 났다.

'아니 이분이 자기가 잘못했다는 거야? 아니면 내가 무엇을 잘못했는지 알려 주겠다는 거야?'

그런데 그 내용이 반복될수록 점점 내 손에 힘이 빠지고 내 손이 떨리는 것을 부인할 수 없었다.

'설마, 내가 이렇게 남편을 힘들게 한 사람이었단 말인가?'

도저히 믿을 수 없었다. 지금까지 남편을 위해 최선을 다해 도우며 살았다고 자부했는데, 남편이 나 때문에 그렇게 힘들었다는 것을 상상도 해 보지 못했다. 나의 견고했던 세계가 산산조각 나는 기분이었다. 나는 그날 무너져 내렸고, 온몸에 힘이 빠져서 결국 남편에게 한 자도 적어 주지 못했다.

나 때문에 화가 나고 힘든 일이 많았다는 남편이, 정작 지금까지 나에게 한 말은 오히려 반대였다. 늘 나를 칭찬하고 격려하는 말이었다. "당신의 말은 설득력이 있고, 사람들에게 감동을 주네. 당신은 하나님께 가면 상급을 많이 받을 거야. 당신 같은 사람을 어디 가서 또 만나겠어. 나는 다시 태어나도 당신하고 결혼할 거야. 존경해, 사랑해."

물론 남편이 나에게 해 주는 이런 말들을 그대로 인정하지 않았고 믿지도 않았다. 그렇지만 나는 남편을 위해서 최선을 다하고 있다는 것을 스스로 자부하고 있었고, 남편도 그것을 인정하고 있던 터라 내가 남편을 그렇게 힘들게 하는 사람이라고는 상상도 못했다. 나는 일 중심적이고 완벽하게 하려는 편이었다. 반면 남편은 낙천적이며 자유로운 성향이라 대부분의 일을 대충 하는 것 같다는 생각이 내 마음에 자리 잡고 있었다. 내가 남편으로 인해 힘들었던 만큼 남편 역시 반대 성향인 나로 인하여 불편하고 힘들었을 것임을 왜 눈치채지 못하고 있었는지, 나 자신이 참 한심스러웠다.

  완벽을 추구하는 사람들이 그렇듯이 나 역시 모든 일에 최선을 다하고자 하면서도 늘 자신이 없었다. 사람들이 해 주는 칭찬에도 불구하고 나는 스스로에게 늘 부족했던 부분을 지적하곤 했다. 그런 나에게 남편이 해 준 격려와 칭찬은 내가 원하는 것도 아니었고, 그 말을 믿은 것도 아니었음에도 불구하고 나도 모르는 사이에 나를 치료하고 있었다는 것을 깨닫게 되었다. 그의 인정과 사랑이 나도 모르게 내 상처를 보듬고 있었던 것이다.

  용서하라는 말씀에 순종한 결과, 남편과의 관계에서 예상치 못한 큰 깨달음과 치유를 경험한 나에게 이제 '사랑하라'는 말씀이 새로운 도전으로 다가왔다.

  하나님께 "하나님, 하나님이 사랑이시라는 것을 머리로는 알지만, 제 가슴은 하나님이 저를 어떻게 사랑하셨는지 알지 못하는 것 같습니다. 제가 느낄 수 있도록 도와주십시오"라고 기도하며 씨름했다.

  그러던 어느 날 밤, 하나님께서 나의 눈앞에 수많은 사람들의 얼굴을 펼쳐 보여 주셨다. 핏덩이와 같은 나를 보며 기뻐하시던 어머니, 극심한 가난과 고난 속에서도 끝까지 붙들어 주신 부모님의 든든한 손길, 어린 시절 동네 어른들의 격려, 선생님들의 칭찬, 친구들의 우정, 그리고 선배들의 조언, 슬며시 다가와 봉투를 쥐여 주시던 따뜻한 손길들, 내 삶을 스쳐 간 수많은 얼굴들이 슬라이드처럼 지나갔다.

그리고 내 마음에 울리는 하나님의 음성이 있었다.

"이 사람들을 통해 이제껏 나의 사랑을 너에게 전달해 주었단다."

나는 사람들이 베푸는 사랑을 고마워하면서도 그것을 갚아야 하는 무거운 짐으로 여겼었다. 나를 믿어 주고, 격려해 주고, 선물을 주고, 재정적으로 도와준 사람들의 호의가 많은 경우에 큰 부담으로 다가왔던 것이다. 그런데 그 모든 것이 하나님께서 나에게 보내주신 사랑의 통로였다니! 그 자리에서 나는 통곡할 수밖에 없었다. 그동안 내가 받고 누렸던 혜택들이 그토록 오랜 시간, 그 수많은 사람들을 통해 부어진 하나님의 사랑인 줄 전혀 몰랐던 것이다. 하염없이 흐르는 나의 눈물은 그동안의 오해와 무지함으로 나를 짓눌렀던 모든 짐들을 녹여 내렸고, 동시에 하나님의 사랑에 대한 감사와 감격을 온몸으로 받게 하였다.

그리고 다시 물었다.

"하나님, 하나님이 저를 어떻게 사랑하셨는지 알겠습니다. 그러면 이제 제가 사람들을 어떻게 사랑하면 되는지 알려 주십시오."

내 마음에 선명하게 들려오는 음성이 있었다.

"너의 남편이 너에게 하는 것처럼 해라."

'남편이 나에게 했던 것처럼 하라니, 어떻게 하라는 것이지?' 선뜻 감이 잡히지 않았다.

그런데 그때, 서로에게 사과하고 용서하는 글을 적기로 했던 날, 남편이 나 때문에 힘들었던 일들을 빼곡히 적어 온 종이가 떠올랐다. 나는 그동안 '달리는 말에 채찍질을 해야 한다'는 생각으로 잘한 것보다는 더 잘할 수 있는 부분을 지적하며, 조언이라는 이름으로 채찍질을 해왔었다. 그러나 남편은 나 때문에 그렇게 화가 나고 힘든 일이 많았음에도 늘 나에게 '잘한다', '대단하다', '존경한다', '사랑한다'는 말들을 아끼지 않았다.

곰곰이 생각해 보니, 하나님께서도 우리를 책망하시기보다는 언제나 참고 기다리셨다. 꾸짖기보다 오히려 소망과 약속의 말씀으로 우리를 붙들어 주셨고, 넘어진 자리에서 다시 일어설 수 있도록 힘을 주셨다.

사람을 사랑한다는 것은, 하나님의 방식처럼—그분의 형상대로 지음 받은 존재를 있는 그대로 인정하고, 격려하며, 그 안에 감추어진 최상의 가능성을 믿고 말해 주는 것이다. 이 깨달음은 내 마음 깊은 곳을 울렸고, 오랫동안 굳게 닫혀 있던 내 시선을 바꾸어 놓았다.

그렇게 용서하고 사랑하라는 하나님의 말씀에 순종하려고 애쓰는 사이, 놀라운 일이 일어나기 시작했다. 내 몸이 회복되고 있다는 것을 알게 되었다. 마음에 평안이 찾아오자, 육신의 고통도 서서히 자취를 감췄다. 특별히 무언가를 한 것도 아닌데, 하나님의 사랑과 그 사랑 안에 잠긴 나의 몸과 마음이, 나도 모르는 사이에 회복과 치유를 경험하고 있었던 것이다.

○ 사과 편지와 다시 찾은 평강

안식년을 마치고 우간다로 돌아온 1998년 어느 주일. 예배 중 신학생이 마태복음 5장, '하나님 앞에 예물을 드리다가 형제에게 잘못한 일이 생각나면 가서 사과를 한 후에 다시 와서 예물을 드리라'는 말씀을 본문으로 설교했다. 그런데 그 말씀이 마치 번개처럼 내 가슴을 강타했다. 미뤄두었던 숙제처럼, 외면했던 진실이 눈앞에 선명히 드러났다.

예배가 끝난 후 곧바로 책상에 앉아, 우간다에서 함께 사역하는 선교사들에게 사과와 용서의 편지를 쓰기 시작했다. 그동안 나를 힘들게 했던 그들에게 '선교사님이 우리에게 했던 이러이러한 일들 때문에 많이 화가 나고 섭섭했는데 그 부분을 용서합니다. 그리고 제가 선교사님에게 잘못한 것들에 대해서도 용서를 구합니다. 이제부터는 선교사님을 하나님께서 우간다를 위해 보내 주신 동역자임을 인정하고 선교사님과 사역을 위해서 기도하겠습니다'라는 내용을 적어 보냈다. 또한 우리와 직접적으로 관련은 없었지만, 선임 선교사들의 불편한 관계 때문에 나중에 들어온 후배들에게 마음에 부담을 갖게 했던 부분들에 대해서도 미안함을 담아 용서를 구하는 편지를 보내게 되었다.

편지 발송 후, 나는 정말 오랜만에 마음에 깊은 평강을 되찾았다. 편지를 받은 사람들의 반응이 어떠하든지 전혀 상관없이, 내 마음에는 주님이 주시는 설명할 수 없는 평강이 넘치는 것을 경험하게 되었다. 이 일을 통해 '용서하라'는 말씀은 바로 나 자신을 위해 주신 말씀이라는 것을 깨달았고, 주님의 깊은 배려와 사랑에 감사했다.

　이러한 경험들을 통해 나에게 주어진 변화는 말할 수 없이 컸다. 이전에는 사람들이 나를 어떻게 생각할지, 나를 어떻게 대할지가 그렇게 신경 쓰였는데, 이제는 나를 칭찬하든 대적하든 마음이 불편해지는 경우가 거의 없게 되었다. 거슬리는 사람을 향한 미워하는 마음도, 정죄나 비난의 마음도 없어졌다. 어떤 사람을 대하든 편안해질 수 있다는 것에 나 자신이 스스로 놀라웠다.

　하나님께서는 그렇게 나를 치유하시고 회복시키신 후, 우리를 미국의 한인 교회로 보내셨다. 당시 그 교회는 목회자가 부재한 상황에서 여러 가지 문제와 깊은 상처들로 공동체 전체가 혼란과 아픔 속에 있었다. 상처를 경험해 본 자가 상처 입은 자의 아픔을 이해할 수 있고, 치유를 받아 본 자가 참된 위로를 전할 수 있다. 하나님은 먼저 우리를 회복시키셨고, 또 다른 회복을 위해 보내셨다. 돌이켜보면, 그 치유의 시간은 단순한 회복을 넘어서, 새로운 사명을 감당할 수 있도록 준비시키신 하나님의 섬세한 배려의 손길이었다.

미국으로 사역의 전환

○ 영성훈련원에서 한인교회로

2003년 4월, 나는 미국 동부와 중부 지역 교회들의 초청을 받아 먼 여정에 올랐다. 당시 아이들은 다시 우간다로 돌아간 뒤였고, 아내는 강원도 예수원에서 머물며 기도와 묵상의 시간을 갖고 있던 중이었다. 뉴욕에 도착했을 때, 한 한인 교회로부터 그곳으로 와 달라는 청빙 요청을 받았다. 오랫동안 우간다 선교를 후원해 주던 분의 간절한 부탁이 있었기에, 아내에게 이 문제를 놓고 기도해 달라고 부탁했다. 며칠 후, 아내의 대답은 예상대로 "아닌 것 같다"는 것이었다.

하지만 하나님의 계획은 따로 있었다. 중부 지역 방문 중, 칼빈 신학교에서 은사이신 신교수님을 만났다. 교수님은 어느 한인 교회가 오랫동안 목회자가 없이 어려움을 겪고 있다며, 그곳은 일반 목회자가 아닌 나와 같은 선교사가 필요하다고 강력하게 말씀하시며, 이것을 놓고 진지하게 기도해 볼 것을 간곡히 요청하셨다. 나는 다시 한번 아내에게 기도를 부탁했다. 이번에는 놀랍게도, 아내로부터 "하나님께서 그곳으로 우리를 보내려 하시는 것 같다"는 의외의 답이 돌아왔다.

아내의 설명은 놀라웠다. "제가 예수원에서 영성훈련원을 놓고 간절히 기도하고 있을 때, 홀연히 마음속에 "예수의 영이 허락지 아니하신지라"라는 글자가 선명하게 떠올랐어요. 그 의미를 묻고 또 물었을 때, '영성훈련원은 우리가 할 일이 아니다'라는 마음이 들었지요. 그래서 영성훈련원이 우리가 할 일이 아니라면 우리가 해야 하는 일을 가르쳐 달라고 기도하며 씨름하고 있던 중에 당신으로부터 한인 교회 이야기를 듣게 되었습니다. 그래서 그 교회로 보내기를 원하시는지 기도하며 묻던 중에, 에스겔서 34장 말씀을 통해 그곳으로 가라는 확신이 왔어요."

에스겔서 34장에는 하나님께서 악한 목자를 심판하고 선한 목자를 세워 양떼를 회복시키겠다는 내용이 나온다. 양 고기를 즐겨 먹고 양 가죽을 사용하면서도 그 양을 먹이지는 않고, 자기 배만 채우는 목자들을 향하여 분노하신다. 그뿐아니라 양들과 양 사이에서, 강하고 살찐 양들이 꼴을 먹은 후에는 약한 양들이 먹지 못하도록 방해하며 괴롭히는 것에 대하여 살찐 양을 심판하고, 파리하고 병든 양들을 돌보시겠다고 하신다.

아내는 이 말씀에서 목회자들에게서 상처받고, 마음이 상한 자들, 또한 교인들 상호 간의 관계에서 고통받고 소외된 하나님의 백성들을 위로하라는 하나님의 마음을 느꼈다고 했다.

○ 차가운 현실 속, 작은 기적들

2003년 7월, 우리가 한인 교회에 부임하여 처음 받은 인상은 교인들이 새로 온 목사나 교회를 향하여 아무런 관심이나 기대가 없는 것처럼 보였다. 아이들은 여기저기 질서 없이 뛰어다니고, 청소년 아이들은 내가 인사를 하는데 아무런 표정 없이 그저 고개를 숙이고 지나쳐 갔다. 설교를 하는 도중에 뒤에 앉아 있다가 나가서 담배를 피우고 들어오는 사람들도 있었고, 교회 화장실 문이 고장 나 있어서 사용이 어려움에도 불구하고 그대로 방치가 되어 있었으며, 청소도 제대로 되어 있지 않아 꼭 버려진 장소로 느껴졌다.

처음 경험하게 되는 한인 교회의 상황은 내가 생각했던 것보다 훨씬 더 심각했다. 한국과는 문화와 언어가 다른 미국 생활에서 적응해 나간다는 것 자체가 이분들에게는 일차적인 큰 부담과 짐이었다. 거기다 자녀들을 양육하면서 당하게 되는 충격들도 만만치 않았고, 그럼에도 불구하고 경제적인 문제들을 해결하기 위하여 부부가 맞벌이를 해야 하는 오랜 이민 생활 속에서 육신적으로나 영적으로 메마르고 지친 상태였다. 나름대로 한국에서는 인정받고 살던 사람들이 더 나은 삶을 향하여, 혹은 자녀들의 교육을 위하여, 아메리칸 드림을 안고 미국 땅을 밟았지만 실제 그들을 기다리고 있던 삶의 무게는 그들이 감당해 가기에는 너무 버거웠던 것이다.

이민 1세대 부모들뿐만 아니라, 2세 자녀들 역시 지쳐 있기는 마찬가지였다. 집 안은 한국인데, 학교에 가면 완전히 다른 미국 문화를 경험해야 하는 상황에서 두 문화를 오가며 직면하게 되는 정체성의 혼란, 힘겹게 문화와 언어의 장벽과 싸우며 일하는 부모님들을 향한 안타까움, 그래서 자신들의 문제를 나누지 못한 채 늘 외로움과 혼돈 속에서 그 싸움들을 감당해야 했다.

지쳐 있는 어른들과 아이들의 모습은 우리로 하여금 충격과 안타까움에 가슴을 치게 만들었고, 목자가 없이 고통받는 자신의 양떼들을 바라보는 하나님의 긍휼의 마음이 느껴졌다. 어쩌면 에스겔 34장의 모습과 흡사했던 것이다.

이분들에게는 다른 무엇보다 쉼, 위로와 격려가 필요해 보였다. 그래서 목회자 없는 동안 교회를 지키느라 수고하면서 지쳐 있던 중심 리더 되는 성도님들에게 모든 사역의 짐을 내려놓고 쉬라고 하였다.

"하나님은 우리를 힘들게 일하는 일꾼으로 부르신 것이 아닙니다. 자녀로 부르셨습니다. 하나님이 주시는 은혜를 누리면서 편하게 지내도 괜찮습니다. 하나님께 받은 은혜가 너무 크고 감격스러워 그것을 나누고 싶어질 때, 너무너무 일을 하고 싶어질 때 말씀하십시오. 그때 일을 하셔도 됩니다."

"그리고 예배도 주일 예배만 나오시고, 새벽이나 수요예배는 안 나오셔도 됩니다. 꼭 나오고 싶을 때만 나오시면 됩니다. 피곤하고 힘들 때에는 그냥 쉬셔도 괜찮습니다!"

처음에는 교회를 맡아 열심히 일하던 분들이 서운해했지만, 오히려 변방에서 지켜보던 성도들은 환영하는 눈치였다. 그럼에도 많은 성도들이 모든 프로그램을 중단하고, 예배 참석조차도 강조하지 않는 뜻밖의 조치에 목회를 해보지 않은 선교사라 뭘 모른다고 생각하는 것 같았다. 그러나 절대적으로 쉼이 필요하다고 확신했기에 그렇게 밀고 나갔다.

그러다 보니 담임 목사인 나 역시 특별히 할 일이 없어서 매일 교회에 출근하여 말씀과 기도에 전념할 뿐이었다. 몇 달 동안 아내는 집에서, 나는 교회에서 자기의 자리를 지키고 있었을 뿐인데, 마치 집에 엄마가 있으면 아이들이 안정감을 느끼듯, 담임목사가 자리를 지키고 있다는 사실만으로 성도들은 조금씩 안정을 찾아가는 듯하였다.

그렇게 몇 개월이 지나지 않아 교인들을 놀라게 하는 일이 일어났다. 내가 부임하기 전에 그 교회는 현재 사용하는 건물이 너무 낡고 좁아 다른 곳으로 옮기기를 원하였고, 새로운 건물을 구입하기 위하여 60만

불을 오퍼해 놓은 상황이었다. 미국은 부동산을 구입할 때 자신이 지불하고 싶은 금액이 얼마인지를 적어서 오퍼를 넣게 되어 있다. 그러면 주인은 그 오퍼들을 보고 자기가 원하는 사람에게 파는 것이다. 그런데 우리 교회가 넣은 금액보다 더 큰 금액을 넣은 곳에 그 건물이 팔리고 말았다며 낙심을 했었다. 그런데 훨씬 더 크고 넓으며 주차장까지 잘 갖춘 교회 건물을 소개받았다. 시세는 무려 120만 불. 상식적으로는 불가능했다. 하지만 우리는 믿음으로, 감히 60만 불에 오퍼를 넣었다.

그리고 기적이 일어났다. 상식적으로 불가능한 일이 현실이 된 것이다. 우리 교회는 120만 불짜리 건물을 절반 가격에 구입하게 되었고, 성도들은 눈앞에서 벌어진 일을 보고 입을 다물지 못했다.

"하나님이 하셨습니다!"

이 사건은 공동체를 뒤흔들었다. 교인들은 그제야 '하나님이 우리 교회를 붙드신다'는 사실을 실감했고, 목회에 대한 시선도 달라졌다. 이어 몇 달 후, 10년 넘게 팔리지 않아 골칫덩이였던 사택마저 한겨울에, 그것도 제값에 팔리는 일이 벌어졌다. 지역 부동산 업계에서 "겨울엔 거래가 안 된다"고 단언했던 상황에서 일어난 기적이었다.

두 번의 연이은 기적은 교회 분위기를 완전히 바꿔 놓았다. '목회는 선교와 다르다'며 고개를 저었던 사람들이 하나둘 마음을 열었고, 떠났던 교인들이 다시 돌아오기 시작했다. 모두가 한 목소리로 말했다.

"교회가 예전과 너무 달라졌습니다."

나는 그 모습을 보며 다시금 확신했다. 하나님은 당신의 백성들을 누구보다 잘 알고 계신다. 그리고 그들의 눈높이에 맞는 방식으로, 이해할 수 있는 언어로, 가장 필요한 순간에 다가오신다는 사실을 말이다.

○ **시카고의 교통사고: 찰나의 순간**

2007년 겨울, 대학 3학년 딸이 방학을 맞아 집에 돌아왔을 때였다.
"엄마, 시카고 한번 가 보고 싶어요."
시골 오하이오의 고요한 마을에 살던 우리에게 시카고는 언제나 특별한 도시였다. 네 시간 거리에 있지만, 서울처럼 번화하고, 한인 마켓과 병원, 공항까지 모여 있는 '큰 세상'이었다. 마침 지인을 위해 장도 봐야 했고, 평소 딸에게 늘 미안한 마음이 있던 나로서는 흔쾌히 길을 나설 수밖에 없었다. 남편은 교회 일로 바빠 동행하지 못했지만, 그날따라 날씨가 유난히 따스하고 화창해 마음이 놓였다.

우리는 시카고의 한인 마켓인 중부시장에 들러 장을 보고, 순대와 떡볶이, 김밥을 먹으며 즐거운 시간을 보냈다. 시카고 시내 백화점들은 이미 크리스마스 시즌으로 화려하게 단장해 있었고, 모처럼의 모녀 나들이는 오랜만에 내 마음에 작은 여유를 주었다.

하지만 귀갓길은 전혀 예상하지 못한 긴박한 드라마로 바뀌고 있었다.

돌아오는 길, 갑자기 굵은 눈이 쏟아지기 시작했다.

순식간에 도로는 살얼음으로 덮였고, 차량들은 시속 30~40마일로 간신히 기어갔다. 그러나 대형 세미 트럭들은 아랑곳없이 쌩쌩 달리며 옆을 스쳐 지나갔다. 그 거대한 바퀴 소리와 매연, 바람의 압도적인 위협 속에서 나는 겁이 나 4차선을 고수하며 진땀을 흘렸다.

"엄마, 괜찮아요?" 딸이 조심스레 묻자 나는 억지로 미소를 지어 보였다.

"응, 괜찮아. 조금만 가면 길이 나아지겠지."

그러나 불길한 예감은 빗나가지 않았다. 한 시간쯤 지났을 무렵이었다. 차가 갑자기 무언가에 부딪히더니, 제어를 잃고 지그재그로 미끄러졌다. 핸들은 말을 듣지 않았고, 차체는 1차선 쪽으로 급격히 빨려 들어갔다. 순간, 눈앞을 가르며 거대한 세미 트럭이 돌진해 왔다.

"어! 어! 어!"

나는 아무 말도 못 한 채 소리만 지를 뿐이었다. 트럭의 오른쪽 모서리가 차의 앞부분을 강타했다. 순식간에 차는 빙그르르 돌며 고속도로 아래 계곡으로 굴러 떨어졌다. 눈앞이 하얗게 뒤집히는 그 몇 초가 영원처럼 길게 늘어졌다. 그리고 믿기 힘든 일이 벌어졌다. 차는 계곡 한가운데, 마치 누군가 손으로 내려놓은 듯 똑바로 멈춰 서 있었던 것이다. 창문 유리는 모두 산산조각이 나 있었고, 매서운 바람이 얼굴을 후려쳤다.

그러나 우리 모녀는 기적처럼 멀쩡했다. 그제야 정신이 든 나는 옆에 있는 딸에게 "얘, 우리 어디에다 연락을 해야 하는 거냐?"고 물었다. 머릿속이 하얗게 되어 아무 생각도 나지 않아서 "일단 아빠한테 전화를 하자"며 남편에게 우리가 교통사고를 당했다는 것을 알렸다. 전화를 하고 있는데 뒤편 고속도로 위에 경찰차가 불을 반짝이며 서 있는 것이 보였다. 우리가 지나오는 동안 이미 길가에 굴러 있는 차들을 볼 수 있었는데, 아마 그래서 경찰차가 주변의 가까운 곳에 출동해 있었는지, 아니면 지나가던 차가 신고를 했는지 알 수 없었지만, 아무튼 경찰차가 왔으니 수습이 가능할 것이라는 기대에 어느 정도 안심이 되었다. 견인차는 우리를 가까운 모텔에 내려놓고는 차를 견인해서 사라져 갔다. 한밤 중에 모텔 방에 들어 간 우리 모녀는 서로를 바라보며, 우리가 방금 무슨 일을 당했는지 말없이 서로에게 물어야 했다.

다음 날, 폐차장으로 실려 간 미니밴 오디세이를 확인했다. 차량은 앞뒤가 형체를 알아볼 수 없을 정도로 찌그러져 있었고, 핸드백 속 양철 케이스에 꽂혀 있던 침들은 힘없이 휘어져 있었다. 그런데도 우리는 단 한 군데도 다치지 않았다.

뒤늦게 알게 된 것은, 우리와 같은 도로 상황에서 목숨을 잃은 가족들이 한두 명이 아니었다는 사실이었다. 단 1초만 빨랐더라면, 우리 차는 트럭에 정면으로 받혀 산산조각 났을 터였다. 그러나 그 순간, 트럭은 차의 모서리만 스치고 지나갔고, 우리는 계곡으로 튕겨 떨어져 목숨을 건질 수 있었다.

나는 알았다. 그 1초의 찰나에, 하나님의 손길이 있었다는 것을.

사고 이후 알게 된 감사한 일이 또 있었다. 교회에서 우리 가족을 위해 제공해 주었던 오디세이는 이미 너무 낡아, 교회가 연말에 바꿀 계획을 하고 있었다. 그런데 교통 사고를 인한 폐차 과정에서 보험사가 차를 팔려고 한 가격보다 훨씬 높은 금액을 보상해 주었다. 그래서 교회에서는 오디세이의 폐차를 오히려 기뻐하며 감사했다.

사고는 분명 끔찍했다. 그러나 그 안에서 하나님은 또 한 번 모든 것을 선으로 바꾸셨다. 사실 나는 아프리카에서 수많은 교통사고를 경험한 탓에 교통사고에 대한 트라우마를 늘 안고 있었고, 그래서 운전을 두려워하고 있었다. 그런데 시카고의 그 끔찍한 교통사고 이후에 오히려 교통사고에 대한 두려움이 완전히 사라졌다.

왜냐하면 이제는 안다. 삶의 모든 순간, 단 1초조차 하나님의 세밀한 간섭과 보호 안에 있다는 사실을.

○ 빚의 굴레, 그리고 하나님의 절규

빚의 굴레

2003년, 미국 땅을 처음 밟았을 때 가장 먼저 다가온 충격은 '풍요'가 아니었다. 그것은 빚의 굴레였다. 이곳에서 신용은 곧 인격이었고, '크레딧'이라는 이름으로 평가되었다.

대학을 가도, 결혼을 해도, 자동차와 집을 사도 모든 출발은 빚이었다.
그리고 갚아 나가는 충성도에 따라 사람의 신용이 매겨졌다. "아플 시간도, 죽을 시간도 없다." 사람들이 농담처럼 던지던 말은 사실 웃지 못할 현실이었다.

아프리카의 검소한 삶에서 온 내 눈에는, 그것이 마치 보이지 않는 쇠사슬 같았다. 누구도 자유롭지 못했다. 부유한 사람도, 가난한 사람도 모두 같은 사슬에 묶여 있었다. 겉으로는 풍족한 사회에서 여유로움을 누리는 듯 보였지만, 그 내면은 끝내 벗어나지 못하는 빚의 굴레에 갇혀 있었다.

나는 외쳤다. "빚진 자의 삶을 청산하자!" 그러나 그 외침은 이방인의 소리처럼 허공에 흩어졌다.

나는 울며 하나님께 물었다.

"하나님, 왜 저희를 이곳에 보내셨습니까? 아무도 저희 말을 듣지 않습니다."

그때 들려온 하나님의 음성은 뜻밖이었다.

"애야, 내 말도 안 듣는다."

순간, 그것은 하나님의 절규로 들렸다. 스스로를 묶고, 스스로를 갉아먹으며, 여전히 하나님께 귀를 닫아버린 이 땅의 백성들… 그리고 그 절규 앞에서, 나는 말씀을 외면하던 내 자신의 모습을 보게 되었다. 그 자리에서 울 수밖에 없었다.

다니엘 부부의 고백과 자유의 노래

그 무렵 가까이 지내던 젊은 부부가 있었다. 정신과 의사이자 미시간대 강사로 잘 나가던 다니엘, 그리고 그의 아내 애쉴리.

누가 보아도 성공한 가정이었다. 그러나 그의 입술에서 나온 첫 마디는 충격이었다.

"사실, 그것이 바로 저희 가정의 문제입니다."

그의 고백은 우리의 가슴을 치고 들어왔다. 학자금 대출, 의대 학비, 신용카드, 자동차, 집… 모든 것이 빚이었고, 매달 들어오는 수입보다 지출이 더 많아 빚은 불어나기만 했다. 미래의 지도자로 주목받던 그조차 빚의 포로였다.

"어떻게 해야 합니까?"

그의 눈빛은 간절했다. 아내는 잠시 그를 바라보다가, 조용히 그러나 단호하게 말했다.

"카드를 끊으세요. 수입만큼만 쓰세요. 모자라는 것은 하나님께 기도하세요. 하나님은 자녀를 굶기지 않겠다고 약속하셨습니다."

그녀는 마태복음 6장 33절 말씀을 나누었다.

"너희는 먼저 그의 나라와 그의 의를 구하라. 그리하면 이 모든 것을 너희에게 더하시리라."

그리고 우리 가정의 이야기를 들려주었다. IMF로 수많은 선교사들이 철수하던 그때, 후원금이 반으로 줄어 언제 문을 닫을지 몰랐던 신학교의 위기 속에서도, 하나님은 단 한 번도 우리를 굶기지 않으셨다는 간증을.

그날 이후 다니엘과 애쉴리 부부는 "빚의 굴레에서 벗어나겠다."고 결단했다. 놀랍게도, 오래 걸리지 않았다. 하나님은 그들의 믿음을 보셨고, 길을 여셨다.

비록 그 과정이 쉽지만은 않았겠지만, 몇 년 지나지 않아 그들은 모든 빚에서 해방되었다. 지금 그들은 자유인으로 살아간다. 더 이상 빚의 이자에 허덕이지 않는다. 가족이 함께 이 나라 저 나라를 다니며, 하나님께서 행하시는 놀라운 일들을 선교사로서 기쁨으로 전하고 있다.

나는 종종 생각한다. 어쩌면 하나님은 바로 그 한 가정을 위해, 다니엘과 애쉴리 부부를 자유케 하시기 위해 우리를 이 땅으로 보내셨는지도 모른다고.

○ **또 다른 시작, 새로운 부르심**

하나님께서는 그렇게 척박하다고 알려진 한인 교회 목회를 몇 년간 교인들의 사랑과 협조 속에서 즐겁게 감당할 수 있도록 걸음걸음 인도해 주셨다. 그러던 어느 날, 미시간대학에 다니고 있던 딸이 주말에 집에 와서 조심스럽게 물었다. "우리가 미국에 와서 어느 새 4년을 이곳에서 살았네요. 근데 또 다른 곳으로 옮겨갈 거예요?"

정말 그랬다. 그때까지 한 집에서 4년이라는 시간을 보낸 곳은 없었다. 나는 "글쎄, 그건 우리가 결정할 일이 아니지. 하나님이 어떻게 하실지 두고 봐야지."라고 대답했다.

그렇지 않아도 일여 년이 지나면서 교회의 어려운 문제들이 해결되어 여러 가지 면에서 안정이 되어 있었고, 우리는 선교사이기에 미국으로 올 때에도 한 텀인 5년 정도 사역하고 선교지로 복귀를 할 것이라 믿고 있었기에, 하나님께서 어디로 인도하실 것인지에 대한 기대를 가지고 있던 중이었다. 그런데 딸의 질문이 있고 얼마 지나지 않아, 과연 우리를 다른 곳으로 부르시는 하나님의 사인이 왔다.

2007년 12월 어느 토요일, 폭설로 인하여 교회의 모든 프로그램이 취소되어 교회에 혼자 있던 중에 가까이 지내던 다니엘 박 교수로부터 전화가 왔다. 자신이 지금 시카고에 와 있는데 배목사님이 지금 당장 시카고로 와야 할 일이 생겼다는 것이었다. 마침 특별히 할 일이 없던 터라 시카고로 날아가게 되었고, 그곳에서 어느 교포를 만나게 되어 그분의 이야기를 듣게 되었다.

자신의 교회는 선교를 집중적으로 하기 원하는데 그것에 반대하는 목사님이 일부 교인들과 함께 교회를 떠났고, 남은 교인들은 담임 목회자가 없이 어려움 가운데에 있다는 것이었다. 자신이 만든 선교회를 같이 맡아서 목회를 감당해 줄 선교사를 찾고 있다고 하는 그녀의 이야기를 들은 다니엘이 그 교회에 꼭 필요한 목사가 있다고 하여 나를 소개한 것이었다. 나는 그 이야기를 들을 때에 그분이 시카고에 계시는 줄 알았는데, 알고 보니 캘리포니아 산호세에서 시카고에 출장을 왔다가 그날 저녁에 돌아가게 되어 있는데 우연히 다니엘 교수를 만났고, 또한 나를 만나게 되었다는 것이다.

이 만남도 하나님께서 주선하신 것 같았다. 다니엘이 그때 시카고를 가지 않았다면 그 분을 만나지 못했을 것이고, 만약 그날 폭설로 인하여 교회 프로그램이 취소되지 않았다면 리더들과의 모임 때문에 나는 시카고에 갈 수 없었을 것이며, 그렇다면 함께 만나는 것이 어려웠을 것이다.

우리는 이 문제를 놓고 기도하게 되었고, 결국은 하나님께서 인도하신다는 확신이 있어서 캘리포니아로 옮겨가게 되었다.

실리콘밸리 심장부에서의 씨름

2008년 봄, 우리 가족은 드디어 캘리포니아 산호세에 발을 디뎠다. 비행기 창문 너머로 펼쳐진 장면은 오하이오의 평온한 들판과는 전혀 달랐다. 사방이 반짝이는 빛과 분주한 교통, 그리고 환하게 불을 밝히고 있는 사무실 빌딩들—그 속에서 나는 본능적으로, 여기가 단순한 도시가 아니라 전쟁터임을 직감했다.

"목사님, 여기서는 눈 똑바로 뜨고 있어도 코 베어 가는 곳입니다."

처음 만난 교인 몇 분이 웃으며 한 말이 농담으로 들리지 않았다.

실리콘밸리는 미국이 아니라 세계의 중심이었다. 구글, 애플, 페이스북 같은 거대한 제국의 심장부였고, 스타트업 수천 개가 모여 있는 가운데 하루에도 수십 개씩 생겨나고 사라지는, 피와 땀이 섞인 시장이었다.

엘리트 한인 1세대와 2세대가 교회 안에도 가득했다. 스탠포드, 버클리, 하버드, 프린스턴 졸업장이 흔한 배경처럼 느껴졌다. 그들의 지성과 자존심은 눈부셨지만, 동시에 복음을 전하는 일에는 낯선 장벽이었다. 성경만 붙들고 씨름하는 목사의 모습이 그들에게는 너무 단순하게 비쳤던 것이다.

그러나 그 화려한 외피 뒤에는 누구도 말하지 않는 깊은 갈증이 있었다. 성공의 빛나는 껍질 뒤에서 허기진 영혼들, '나는 누구인가'라는 물음 앞에서 흔들리는 지성들… 그들의 마음속 균열은 눈에 보이지 않았지만 분명 존재하고 있었다.

그래서 나는 오히려 더 절실하게 기도의 불을 붙여야 했다. 밤마다 몇몇 성도들과 무릎을 꿇고 부르짖었다. 단단하게 굳은 바위를 뚫는 심정이었다. 그러나 기도는 쉽사리 불이 붙지 않았고, 씨름은 길고 고단했다. 오하이오가 영적인 싸움의 훈련장이었다면, 산호세는 지적 자만과 물질주의와의 전쟁터였다.

시간이 지나면서 교회는 안정되어 보였으나 부동산 열풍이 모든 것을 흔들었다. 건물 주인이 교회를 내쫓고 그 자리에 콘도를 세우겠다고 통보했을 때, 교인들의 얼굴은 낙담으로 가득했다. 하나님께 드렸던 공간이 순식간에 '개인의 이익'으로 환원되는 기이한 장면을 나는 목도해야 했다.

교회는 또다시 흩어졌고, 그 혼돈과 고통의 시간 속에서 내 안의 모난 부분, 연약한 부분과 마주해야 했다. 하지만 하나님은 여전히, 그 파도 속에서도 교인들을 인도하고 계셨다. 새로운 만남, 뜻밖의 은혜, 그리고 위로의 순간들… 눈에 보이지 않는 손길이 우리를 붙들고 있었다.

새로운 길: 목사와 의사의 두 길목

또 하나의 현실은 교인들의 육체적 고통이었다. 미국의 복잡한 의료제도, 감당하기 힘든 병원비 때문에, 치료 가능한 병조차 내버려 두고 쓰러져 가는 성도들을 보는 것은 고통스러웠다.

나는 한방으로 도움을 줄 수 있음에도 불구하고, 엄격한 미국의 의료법 때문에 진료를 할 수 없어 답답했다. 그래서 나는 미국에서 한의사 면허증을 받기로 결심했다.

다행히 교회에서 가까운 곳에 한의학 과정의 학교가 있었고, 나는 교회의 허락을 받아 낮에는 목회 사역에 전념하고 밤에는 그곳에서 늦은 시간까지 공부하며 준비했다. 주경야독(晝耕夜讀)의 고된 시간이었지만, 병으로 고통받는 성도들의 얼굴을 떠올리며 포기할 수 없었다.

마침내 어렵게 국가고시를 패스하여 "미국 한의사 면허증"을 얻게 되었을 때의 보람과 기쁨은 이루 말할 수 없었다. 이제 나는 도움을 필요로 하는 한인 교인들을 직접 도울 수 있게 되었고, 나중에는 한의원을 오픈할 수 있었다. 목회 사역과 더불어, 육체적으로 고통받는 이들을 치유하는 새로운 사명의 길이 열린 것이다. 이는 실리콘밸리라는 특수한 환경 속에서, 하나님께서 나에게 주신 또 다른 은혜의 도구였다.

한인 교회, 새로운 패러다임의 지표를 만나다

한의원을 통한 사역이 점차 자리를 잡아 가던 어느 날, 우리는 우연히 근처의 한인 교회를 소개받았다. 처음에는 단순히 설교 요청으로 발걸음을 옮겼을 뿐이었다. 그러나 그 만남은 내 목회 인생의 새로운 전환점을 열어 주는 사건이 되었다.

그 교회는 이집사님의 부모님이 개척한 교회였다. 이미 부친은 소천했지만, 남겨진 가족은 부모님의 뜻을 이어받아, 비록 작은 규모라 할지라도 성도들을 지켜 내고 있었다. 담임목사는 여러 차례 바뀌었고, 그때마다 교회는 상처를 입었으며, 교인들은 흩어지곤 했다. 그 아픔 속에서 교회는 결단했다. 이제는 더 이상 풀타임 목회자를 모시기보다는, '말씀 목사'라 불리는 파트타임 목사를 세워 말씀과 기도에만 집중하게 하자는 것이었다.

그렇게 해서 매달 한 번, 나는 그 교회를 찾아 말씀을 전하고, 함께 성경을 나누며 교제했다. 신기하게도, 이 구조 속에서는 나도 성도들도 큰 부담 없이 진실하게 만날 수 있었다. 풀타임 목회자의 무게가 사라진 자리에서, 말씀과 교제의 본질만이 선명하게 드러났다.

2019년 2월, 우리는 한의원 사역을 마무리하고 다시 선교사로 동남아시아를 순회하게 되었다. 마지막 인사를 드리며 교회를 떠나려 할 때, 성도들은 선교 후원금을 건네며 "언제든 미국에 오시면 돌아와 달라"고 당부했다. 작은 교회의 배려와 사랑은 우리의 발걸음을 오래도록 붙잡았다.

그리고 이듬해, 전 세계를 휩쓴 코로나19 팬데믹. 대면 예배가 중단되자 우리는 줌(Zoom)으로 함께 예배와 큐티를 나누기 시작했다. 놀라운 일은 바로 그때부터였다. 줌 모임이 산호세 성도들만의 자리가 아니라, 어바인과 하와이, 심지어 한국에 있는 성도들까지 연결하는 온라인 공동체로 확장된 것이다. 공간과 시간을 넘어 이어진 예배와 교제는 오히려 교회의 결속력을 강화시켰고, 작은 교회가 오히려 더 큰 그릇으로 자라나는 은혜의 통로가 되었다.

나는 이 교회에서 한인 교회의 새로운 가능성을 보았다. 풀타임 목회자를 세우는 것이 '정상'이라는 고정관념을 넘어, 평신도 지도자들이 삶의 현장에서 교회를 지탱하고, 목회자는 사도행전의 사도들처럼 오직 말씀과 기도에 전념하는 구조. 이것이야말로 캘리포니아 지역의 수많은 소규모 교회들에게 희망이 될 수 있는 새로운 패러다임이라 생각했다.

사실 평신도들 중에는 목회자 못지않은, 아니 그보다 더 깊은 헌신과 지혜로 교회를 세워가는 사람들이 있다. 같은 직장에서, 같은 사회 현장에서 부대끼는 성도들을 누구보다 잘 이해하고 돌볼 수 있는 이들이 바로 그들이다. 교회 재정의 부담도 줄이고, 목회자는 본연의 사명에 더 집중할 수 있다면, 이것은 위기 속에서 피어난 지혜로운 대안이 아닐까.

실리콘밸리의 여러 교회들 중에도 이미 이러한 모델을 도입하는 곳들이 생겨나고 있었다. 담임목사 대신 'Teaching Pastor'를 두어 말씀만 전하게 하는 구조 말이다. 나는 그 변화 속에서, 하나님의 교회를 지켜내려는 작은 공동체의 눈물겨운 몸부림을 보았다. 그리고 그 안에서 초대 교회의 단순하고 강력한 영성을 다시금 발견했다. 나는 그들에게 진심 어린 박수를 보내고 싶다.

상처와 아픔 속에서도, 포기하지 않고, 새로운 길을 모색하며 교회를 세워 가는 이들. 그들의 이야기가 한인 교회의 또 다른 길을 찾는 이들에게 희망의 불씨가 되기를 간절히 기도한다.

○ 소망 한의원과 4대가 드리는 가정 예배:
무너진 자리에서 다시 솟아난 소망

뜻밖의 기적: 소망 한의원

2013년, 우리가 목회하던 교회에 예기치 못한 큰 위기가 찾아왔다. 오랫동안 사용했던 교회 건물을 비워 주게 되면서, 적당한 예배 장소를 찾지 못해 여기저기로 옮겨 다녀야 했다. 이 혼란 속에서 교인들이 뿔뿔이 흩어지게 되었고, 심지어 함께했던 목회자들까지도 각자의 길을 찾아 떠나는 어려운 시기를 겪었다. 우리는 깊은 상실감과 절망감에 빠졌다.

그렇게 모든 것이 무너진 것 같던 2014년 10월, 우리는 마치 사막에서 오아시스를 발견한 것처럼 우연히 '한의원 급매'라는 광고를 보게 됐다. 지푸라기라도 잡는 심정으로 전화를 걸었지만, 그들이 요구하는 인수 비용은 우리 형편으로는 도저히 감당할 수 없는, 그야말로 꿈같은 금액이라 포기할 수밖에 없었다.

하지만 아내는 그 한의원을 무작정 찾아갔다. 그리고 원장님께 왜 우리가 이 한의원을 원하는지, 우리의 재정 형편이 어떠한지 이야기한 후에, "저희가 이 한의원을 정말 간절히 인수하고 싶지만, 재정적인 이유로 감히 달라고 말씀드릴 수가 없습니다. 하지만 혹시라도 원장님 마음에 작은 감동이라도 생기시면, 연락 부탁드립니다."라며 전화번호를 남기고 돌아왔다고 했다.

그런데 3일 후에, 한의원 원장님에게서 만나자는 연락을 받았다. 그 한의원이 워낙 요지에 위치해 있다 보니, 이미 여러 한의사들이 좋은 조건을 제시하며 인수하겠다고 나선 상황이었다. 하지만 원장님의 아내가 한의원 매매를 놓고 기도하던 중에 하나님께서 '그 선교사에게 한의원을 넘겨라'는 분명한 음성을 주셨다며, 계속해서 우리에게 한의원을 넘겨주라고 강력히 권했다고 한다.

하나님의 놀라운 개입으로, 우리는 모든 시설이 완벽하게 갖춰진 한의원을, 그것도 우리의 형편으로 감당할 수 있는 금액에 '거저 받은 선물'처럼 인수받게 되었다. 그렇게 우리는 한의사로서의 새로운 사역을 시작하게 되었다. 몇 년간 몸과 마음이 지쳐 있었던 우리에게 한의원을 선물해 주신 하나님의 손길에 용기를 얻게 되었고, 매일매일 찾아오는 환자들을 만나는 일도 새로운 활력이 되었다. 한의원 운영 경험이 전무했기에 처음에는 걱정이 되기도 했지만, 전임 원장님이 보험 처리 절차부터 환자 관리 노하우까지 필요한 모든 정보를 상세하게 알려 주며 격려해 주었다.

내가 군대에서 사단장 주치의로서 수많은 임상을 쌓았던 경험이 각종 환자들을 대면하면서 그들의 상태를 정확하게 진단하고 최적의 치료법을 찾아내는 데 큰 도움이 되었다. 다른 곳에서 오랫동안 치료받지 못하고 고생하던 환자들이 우리 한의원에서 놀랍게 회복되는 것을 보는 것은 우리에게 매일 큰 감사와 보람이 되었다. 덕분에 날마다 한의원은 환자들로 북적였고, 꾸준히 치료받은 사람들에 의해 좋은 소문이 퍼지면서 여러모로 활기찬 나날을 보낼 수 있었다. 우리는 이곳에서 단순히 몸의 병을 넘어, 마음의 아픔까지 어루만지는 진정한 치유의 사역을 펼쳐 나갔다.

예전부터 나는 60세가 되면 목회에서 은퇴하고 자비량 선교를 하겠다고 입버릇처럼 말해 왔지만 아내는 귓가로 흘러 들었는데, 놀랍게도 그 말을 하나님은 듣고 기억하고 계셨다. 정확하게 60세가 되었을 때, 한의원을 주셔서 자비량 선교의 길을 열어 주셨음을 깨닫고 다시금 하나님의 세밀하고 완벽하신 손길에 놀라게 되었다.

4대가 함께 드리는 가정 예배

교회가 어려움을 겪고 있던 중에, 2013년 가을부터 막내 성현이가 대학으로 들어가기 전까지 그의 찬양 인도에 따라 매일 저녁마다 온 가족이 모여 가정 예배를 드리게 되었다. 표현은 하지 않았지만 가족들 모두가 몸과 마음이 어려운 중이었기에 매일의 가정 예배와 기도 시간은 우리 모두에게 시원한 생수처럼 각 사람을 적셔줄 수 있었다. 그러다 성현이가 대학에 진학한 다음부터는 대학을 졸업하고 돌아온 둘째 아들 성주가 예배를 인도하는 역할을 자연스레 이어받았다.

당시 우리 집에는 나이 드신 장모님과 우리 부부, 그리고 세 자녀들과 두 명의 어린 손자들까지, 4대가 함께 모여 예배를 드리는 축복을 누렸다. 하나님께서 이 4대 가족 예배를 특별히 기뻐하셨던 것 같다. 예배를 통해 우리는 깊은 치유와 회복의 은혜를 날마다 경험했고, 말할 수 없는 평안과 기쁨이 우리 가정을 덮어 주었다.

저녁 식사 후에 뒷정리가 끝나면 성주의 기타 소리가 잔잔하게 거실에 울려 퍼졌다. 그러면 이 방 저 방에 있던 가족들이 자연스럽게 거실로 모여들었다. 당시 두 살이던 첫 손자 하녹이도 장난감을 가지고 놀고 있다가 기타 소리만 들리면 "예배, 예배!" 하며 작은 몸으로 소파 위에 자리를 잡았다. 아직 신생아였던 둘째 손자 케일럽은 할머니 품에 폭 안겨 나오는 모습이 얼마나 아름답고 행복한 그림을 연출했는지 모른다. 그 순간만큼은 세상의 모든 근심이 사라지고, 마치 이 땅에서 천국을 경험하는 시간 같았다.

시간이 지나면서 자연스럽게 4대가 함께 매일 저녁 예배를 드린다는 우리의 가정 예배를 부러워하며, 보고 싶다고 하는 손님들, 특히 목회자들이 종종 방문하여 함께 예배를 드리기도 하였다. 지금도 그렇겠지만, 당시 미국에 있는 교포 가정에서는 부모와 자녀가 함께 예배를 드리는 것은 상상하기 어려울 정도로 드문 일이었다. 부모와 자녀 간의 문화 차이가 너무 크기 때문에 가정에서도, 교회에서도 예배를 따로 드리는 것이 보통이었기 때문이다. 그런데 4대가 함께 모여, 그것도 매일 저녁마다 하나님께 예배를 드린다는 것은 많은 이들에게 적지 않은 도전과 충격이 되었던 것 같다. 우리의 가정 예배는 단순히 가족 모임을 넘어, 많은 이들에게 영적인 감동과 본보기가 될 수 있었다.

하녹이가 네 살 정도 되었을 무렵의 일이다. 기타 소리가 나면 그는 두 살 된 동생을 챙겨 "케일럽, 예~배~~" 하면서 손을 잡고 나왔고, 빠진 식구들을 챙기기 시작했다. 어린 나이에도 예배에 대한 책임감과 가족 사랑이 얼마나 깊었는지, 우리를 감동시켰다. 그러다 어느 날 저녁, 하녹이가 시무룩한 표정으로 "할머니, 아빠도 예배." 하는 것이었다. "아빠가 없어서 슬퍼? 아빠도 같이 예배를 드리면 좋겠어?"라고 물었더니 고개를 끄덕였다.

하녹이 아빠는 직장이 멀리 있어서 퇴근하고 오면 예배가 끝날 경우가 많아 예배에 함께하지 못하는 것이 하녹이 마음에 늘 걸렸던 모양이다. 어른인 우리는 '상황이 그러려니' 하고 지나가고 있었는데, 하녹이의 순수한 마음에는 그것이 부담이 되었던 것이다. 그래서 우리는 하녹이의 마음을 헤아려 예배 시간을 밤 9시로 옮기게 되었다.

자녀들이 각자의 가정을 이루어 흩어지기까지 몇 년 동안 지속되었던 이 가정 예배를 통하여 우리 가족들이 경험했던 회복과 치유는 말로 다 표현할 수 없을 만큼 깊었다. 물론 그 일은 우리의 삶에 큰 확신과 담대함을 제공하는 놀라운 시간이었음을 고백하게 된다. 지금은 자녀들이 각각 가정을 이루어 흩어져 있기 때문에 함께 모여 예배를 드릴 수 있는 상황이 아니기에, 그 시절을 그리워하며 감사하곤 한다.

모일 때가 있으면 흩어질 때가 있고, 울 때가 있으면 웃을 때가 있는 법… 하나님께서 그때그때 허락하신 축복들을 기쁨으로 누리며 감사하는 것이 지혜일 것이다. 우리는 그 소중한 기억을 간직하며, 각자의 자리에서 하나님이 주신 은혜를 나누는 삶을 살아가고 있다.

―

가족이라는
가장 아름다운 명품

자녀 양육 이야기 : 명품 인생의 비밀

사람들은 종종 내게 묻곤 한다.

"도대체 어떻게 자녀들을 양육하셨어요?"

"셋 다 명문대에 보낸 비결이 뭔가요?"

"요즘 아이들 같지 않아요. 결혼도 그렇게 잘 시키셨고요."

그럴 때마다 나는 할 말이 없어진다. 진실로 그 어느 부분도 내가 '이렇게 했다'고 자신 있게 대답할 수 없다. 오히려 이 모든 것은 우리 자녀들을 지으시고 인도하신 하나님의 손길이었다고 고백할 수밖에 없다. 굳이 내가 한 일을 찾아내 본다면, 그것은 오직 하나다. 나의 부족함을 깊이 깨달아 우리 자녀들을 주인이신 하나님께 다시 맡겨 드린 것, 그뿐이다.

만약 내가 조금 더 일찍, 하나님께서 각 사람을 얼마나 존귀하게, 그 존재 자체가 '명품'이 되도록 창조하셨는지 알았더라면 어땠을까. 각자의 인생 가운데 선한 꿈을 심어 두시고, 걸음걸음 양육하며 교육해 가신다는 사실을 믿었더라면, 설령 실패한다 하더라도 그것이 끝이 아니라 삶을 더욱 풍성하고 멋지게 엮어 갈 수 있는 소중한 기회임을 깨달았더라면 어땠을까.

당신의 사랑하는 자녀들이 진정한 자유를 마음껏 누리며 살 수 있도록 모든 것을 미리 예비해 두셨다는 것을 좀더 일찍 믿었더라면, 진실로 가장 좋은 교사이신 하나님께서 내 자녀를 가르치고, 깨우치며, 훈련시키고, 인도하신다는 사실을 온전히 인정했더라면, 우리 자녀들은 좀 더 편안하게 삶을 즐기며 나아갈 수 있었을 것이고, 진정한 '명품 인생'의 깊은 맛을 충분히 느끼며 걸어갈 수 있었을 것이다.

하나님은 당신이 지으신 인생이 가장 가치 있고 행복한 삶을 살아가기를 누구보다 간절히 원하시며 그 길로 이끌어 가신다. 내 손에 쥐어진 단 하나뿐인 명품 같은 자녀를, 세상에 흔하고 흔한 '기성품'으로 전락시키는 부모의 어리석은 실수 때문에 아이들을 힘들게 한 것이 한없이 부끄럽고 미안한 마음뿐이다.

어떻게 보면 나 역시 피해자였다. 우리 부모 세대로부터 배우고 듣고 본 것을 무비판적으로 우리 자녀들에게 고스란히 전해주었던 것이다. 이로 인해 우리 자녀들은 부모의 울타리 안에서 제약을 받을 수밖에 없었고, 부모 세대의 세계관을 뛰어넘는 자신들만의 넓은 시야를 형성하는 데 어려움을 겪어야 했다.

그러나 인생은 우리가 생각하고, 알고, 경험한 것보다 훨씬 더 깊고 넓은 영역이 감추어져 있다. 우리는 감히 상상조차 하지 못했던 잠재력과 역량들이 우리 안에 숨겨져 있고, 꿈꾸어 보지도 못했던 세계의 아름다움과, 능력의 풍성함들이 담겨져 있는 것이 분명하다. 단 하나밖에 없는 소중한 '명품 인생'. 그것을 지으신 분의 손에 온전히 맡겨 둔다면, 우리는 이전에 결코 볼 수 없었던 진정한 명품이 바로 우리의 자녀들임을 경험하게 될 것이라 확신한다.

그래서 이제, 우리의 무지함과 어리석음 중에서도 당신이 주신 세 아이들의 양육 과정을 하나님께서 어떻게 인도해 오셨는지 솔직하게 나누고자 한다.

혜진 성장기:
이성적인 엄마와 감성적인 딸의 갈등

내게는 딸 하나와 아들 둘, 이렇게 세 명의 자녀가 있다. 그런데 이 세 아이가 각기 너무나도 다른 성향을 지니고 있어, 아이들을 알아가는 과정 자체가 늘 새로운 도전이었다.

첫딸 혜진이는 뱃속에 있을 때부터 쉽지 않은 아이였다. 임신 8개월 동안이나 지독한 입덧에 시달렸고, 임신 초기에는 두세 번이나 유산의 위험한 고비를 넘겨야 했다. 입덧이 겨우 가라앉는가 싶더니 8개월쯤에는 조산의 증세까지 보여 또다시 긴장의 끈을 놓을 수 없었다. 임신 기간 내내 너무나 힘들어 빨리 해산하기만을 손꼽아 기다리곤 했는데, 그때마다 주변 어른들은 "아무리 힘들어도 뱃속에 넣고 있을 때가 편한 줄 알라"고 하셨다. 그런데 과연 그 말이 진실이었음을 아이를 직접 양육하면서 뼛속 깊이 깨닫게 되었다. 돌이켜 보면 예전에는 아이를 제대로 다루지 못하고 끌려다니는 엄마들을 은근히 무시하는 마음도 있었는데, 막상 내가 첫아이를 키우게 되면서 세상의 모든 엄마들이 존경스럽고 위대해 보였다. 세상에서 가장 어렵고 고된 일이 바로 아이를 양육하는 일이라는 생각이 들었기 때문이다. 갓 태어난 작은 생명을 품에 안고 밤새 뒤척이던 그 시간들은, 나에게 부모라는 이름의 무게와 사랑의 깊이를 동시에 알려 주었다.

다행히 딸아이는 영특하고 말귀를 잘 알아들어, 엄마인 내 말을 곧잘 따라 주곤 했다. 덕분에 또래 아이를 가진 부모들로부터 부러움을 사기도 했다. 교회 예배 시간이나 성경 공부 중에도 엄마 무릎에 조용히 앉아 자신만의 놀이에 몰두하며 끈기 있게 기다리는 모습은 보통 아이들과 확연히 다른 점이었다. 주변 어른들은 "어머, 혜진이는 어쩜 어른 같아요~"라며 칭찬을 아끼지 않았다. 뿐만 아니라 네 살 때 한글을 깨우쳐 책을 읽기 시작하여 어른들을 깜짝 놀라게 했다. 한번은 집에 방문한 아빠의 짓궂은 친구가 "이 집에 있는 책은 이미 외워서 읽을 수 있으니, 오늘 배달된 신문을 가져와 보라"고 하더니 그 신문에 있는 글자들을 읽어 보라고 하며 확인했고, 과연 신동이라며 혀를 내둘렀다. 혜진이는 정말이지 남다르게 영특한 아이였다.

그런데 이 딸이 다섯 살이 되던 해, 부모인 우리가 아프리카 선교사로 파송을 받고 오리엔테이션 과정을 위해 호주에서 1년을 살게 되었다. 호주에서 사는 동안 어린 나이의 딸 아이는 나름대로 감당하기 힘든 너무나 많은 어려움을 겪고 있었음을 어른이 된 후에야 알게 되었다. 한국에서 '천재'니 '신동'이니 하며 특별 대우를 받던 아이가 어느 날 갑자기 전혀 다른 문화권인 호주의 유치원에서 '바보 취급'을 받게 된 것이다. 전혀 말이 통하지 않는 상황에서 겪었을 그 힘든 시간을 부모에게는 일절 표현하지 않았기에, 우리는 딸의 고통을 전혀 눈치채지 못하고 있었다. 낯선 언어와 문화 속에서 혼자 감내했을 그 작은 어깨의 무게를 생각하면 지금도 가슴이 미어진다.

○ 아프리카에서의 절규, "우리는 어디에 가서 살아야 해요?"

힘든 시절을 지나 어느 정도 영어가 적응이 되어 갈 무렵, 우리는 다시 아프리카로 가게 되었다. 한국말도, 영어도 제대로 통하지 않는 아프리카 우간다의 시골에서 혜진이의 새로운 고통의 시간들이 시작되었다. 초등학교 1학년이 된 혜진이가 가는 곳마다 까만 피부의 아이들이 우르르 모여들었다. 생전 처음으로 꼬불꼬불한 머리가 아니라 곧게 펴진 생머리를 본 아이들은 너도나도 그 머리카락을 만져 보고 뽑아도 보며, 자신들과 다른 신기한 색깔의 피부를 만져 보는 바람에, 혜진이의 입장에서는 마치 자신이 동물원의 원숭이 취급을 받는 듯한 느낌을 받게 된 것이다. 매일매일 이어지는 낯선 시선과 직접적인 접촉은 어린 혜진이에게 깊은 상처와 당혹감을 안겨 주었다.

혜진이가 어느 날 서럽게 울면서 뱉었던 말,
"우간다에서는 하얗다고 놀리고, 한국에서는 까맣다고 놀리는데, 우리는 어디에 가서 살아야 돼요?"

이 절규는 지금도 내 가슴을 찢어지게 울리곤 한다. 그 작은 아이가 얼마나 큰 정체성의 혼란과 상처를 받았을지, 부모로서 헤아리지 못했던 지난날이 사무치게 후회되었다. 그 한마디는 단지 외로움의 표현을 넘어, 존재 자체에 대한 근원적인 슬픔과 고통을 담고 있었던 것이다.

○ 사춘기 갈등과 평행선 대화

부모가 선교사라는 이유 때문에 여기저기로 학교를 옮겨 다니면서 여러가지 면에서 어려움을 겪은 탓인지, 사춘기를 지나면서 혜진이는 많은 부분에서 무언으로 반항하기 시작했다. '사춘기니까 그러려니' 하면서도, 혹시 이것이 굳어질까 염려가 되었다. 무엇 때문에 그렇게 힘든지, 부모인 우리에게 무슨 불만이 있는 것인지 알아보기 위해 어느 날 저녁 딸과 둘만의 진솔한 대화를 시작하게 되었다. 하지만 무슨 이야기를 꺼내도 우리의 대화는 마치 평행선처럼 엇갈릴 뿐이었고, 딸의 가슴은 점점 더 차갑게 식어 가는 것을 느낄 수 있었다. 이 문제를 해결해 보려는 우리의 대화는 새벽 3시까지 7-8시간 정도 이어졌지만,

아무런 진전 없이 끝나고 말았다.

서로의 벽을 허물지 못하고 겉돌기만 하는 대화에 나는 깊은 좌절감을 느꼈다. 그 이후로 나는 가능하면 딸과의 대화를 피하게 되었고, 마음에 큰 좌절과 혼돈이 떠나지 않았다. 나 나름대로는 자녀들을 위해 최선을 다했다고 생각했고, 누구에게도 부끄럽지 않은 삶을 살고 있다고 자부하고 있었기 때문에, 딸에게 인정받지 못하는 엄마로서의 자괴감을 쉽게 지울 수 없었다. 그럼에도 혜진이는 늘 A+ 학점을 유지하며 매사에, 누구에게나 모범생으로 인정받는 겉모습을 유지했다. 하지만 나는 그 겉모습 뒤에 숨겨진 딸의 깊은 내면의 아픔을 찾아내지 못했다.

○ 뜻밖의 만남과 결혼, 기적 같은 사랑

12학년 때 우리가 미국으로 이주하게 되면서 혜진이는 홈스쿨링으로 고등학교 과정을 마치고, 미국 명문대에 속하는 앤아버의 미시간대학교를 졸업하게 되었다. 누가 봐도 부러워할 만한 외형적인 성공을 거두었지만, 혜진이 안에는 여전히 해결되지 않은 어두움이 있었고, 대학원 과정을 다니면서 급기야 클럽 문화에 빠져들었다. 그렇지만 나는 그 딸에게 일절 아무 말도 하지 않았고, 그저 묵묵히 지켜보며 기도할 뿐이었다. 클럽에서 놀다가 새벽 2-3시가 넘어서야 집에 들어오다가 자신을 기다리고 있는 나의 모습을 보고 깜짝 놀라며 민망해한 적이 몇 번 있었음에도, 우리는 여전히 서로 대화를 피하고 있었다. 말없이 기다리며 주님께 이 문제를 맡겨 드리는 것이 내가 할 수 있는 최선의 일이라고 생각했기 때문이다.

혜진이는 한국 문화와 한국 사람을 만나는 것에 대한 두려움을 가지고 있었고, 그래서 한국 사람을 좋아하지 않는 것 같았다. 어린 시절의 경험 때문인지 한국어 사용에도 어색함을 느꼈고, 자연스레 미국 문화권의 사람들을 선호했다. 그런데 결혼을 통해서 그 부분이 해결되는 놀라운 경험을 하게 되었다. 현재의 남편은 본인이 좋아하는 스타일도 아니고, 원하던 조건도 아니었다는데, 교제와 결혼의 과정 속에 하나님께서 놀랍게 역사해 주심으로써 정말 기적적으로 토종 한국 남자와 결혼을 하게 되었다. 결혼을 하기 위해 한국으로 떠나던 날 아침에도 혜진이 자신은 그 결혼이 부담스러워 마치 노예로 팔려 가는 사람처럼 눈이 퉁퉁 붓도록 엉엉 울면서 출발했던 기억이 생생하다. 그럼에도 불구하고 이 모든 과정이 하나님의 섭리였음을 부인할 수 없었다.

결혼 14년 차인 지금까지 부부간의 다툼이나 시부모님과의 갈등이 전혀 없는 아름다운 가정을 꾸려 가는 모습을 보게 되니 놀랍고 감사할 따름이다. 몇 년 전 용기를 내어 조심스럽게 딸과의 대화를 시도해 보았다. 딸이 좋아하는 "Panera" 빵집에 가서 이런저런 이야기들을 나누웠다. 엄마에게 어떤 부분에서 불만이 있는지, 어떻게 하면 우리가 더 잘 소통할 수 있을지도 물어보았다. 그런데 딸의 대답은 정말 충격적이었다.

"엄마는 존재 자체가 나에게 부담이에요."
"그게 무슨 말이야? 내가 너에게 어떻게 했는데, 뭘 요구했는데…?"
나의 당황한 질문에 딸은 담담하게 답했다.
"나는 엄마처럼 살 수도 없고, 그렇게 살고 싶지도 않기 때문에,
엄마가 살아가는 모습을 보는 것만으로도 힘들어요."
그 말은 내 가슴에 비수처럼 박혔다. 나 나름대로 최선을 다했다고 생각했던 모든 노력이 한순간에 무너지는 듯했다.

나는 청년 때부터 선교사를 지망했고, 남편 역시 선교사 후보생이었다. 남편이 신학교를 다니던 중이었기에 결혼 후에도 나는 여전히 직장을 다니며 경제적인 필요를 채워야 했다. 그러던 중 첫아이인 혜진이가 태어났고, 친정어머니가 혜진이를 돌봐 주셨다. 우리가 한국을 떠날 때까지 혜진이는 외할머니와 이모의 손 아래에서 자랐다. 아이의 입장에서는 어느 날 갑자기 한국을 떠나면서부터 정들었던 할머니와 이모를 떠나야 했고, 게다가 전혀 낯선 영어권에서의 생활이 딸에게는 두려움과 혼돈, 그리고 알 수 없는 원망과 분노의 뒤범벅이었을 것이라는 것을 왜 그때는 몰랐는지 모르겠다.

혜진이가 3, 4세 무렵, 우리는 한국에 있었고, 나는 보통 한국 엄마들

이 하는 것처럼 직장 생활을 하면서 없는 시간을 쪼개어 틈틈이 책을 읽어 주고, 동물원, 롯데월드 등의 놀이공원을 데리고 다니면서 다방면에서 새로운 경험을 하며 자랄 수 있도록 무척이나 노력했었다. 그 덕분에 어려서 '천재'라는 소리를 들을 수 있었는데, 정작 그 아이의 정서나 성향을 무시하고 지나갔던 것이다.

혜진이는 뮤지컬을 좋아하다 못해 무척 사랑했는데, 우리는 전혀 그것을 알지 못했다. 혜진이가 고등학생일 때 이모와 이모부가 "레미제라블(Les Misérables)" 뮤지컬 DVD를 선물로 주었다. 얼마 지나지 않아 혜진이는 그 뮤지컬에 나오는 모든 노래의 가사들을 다 받아 적고 그것을 인쇄하여 작은 책자로 만들어 동생들에게 나누어 주고 연습을 시켜서 뮤지컬 공연을 하는 것을 보고 우리는 깜짝 놀랐었다. 딸의 깊은 감성과 예술적 재능을 그제야 알아볼 수 있었다는 사실에 후회와 미안함을 감출 수 없었다.

알고 보니 혜진이는 감성적인 부분이 발달하여 그 영역이 충족되어야 하는 아이였다. 반면 엄마인 나는 이성적이고 논리적인 사람이라 매사에 이해시키고 설득시키려고만 하면서 정작 딸이 진정으로 원하는 감성적인 교류와 공감대를 무시해 왔던 것이 적지 않은 실수였던 것이다. 나의 논리와 이성적 접근이 딸의 섬세한 감성에는 오히려 상처가 되었음을 깨달았다.

엄마로서 혜진이의 정서적 필요를 채워 주지 못한 것에 대한 미안함이 너무 커서, 혜진이가 대학원 공부를 하는 동안 나는 자원하여 딸의 첫째와 둘째 아이를 길러주었다. 그런데 모든 힘든 과정을 다 거치고 한의사 자격증을 받은 혜진이는 일을 하기보다는 자녀 양육을 택했다.

처음에는 잘 이해가 되지 않았지만, "자기와 엄마처럼 되지 않기 위해서 자기 아이들은 자신이 양육하겠다"는 혜진이의 말에 충분히 동의가 되었고, 어쩌면 나보다 훨씬 지혜로운 선택이라는 생각이 들었다. 지금 보면 여러모로 엄마인 나보다 훨씬 지혜롭고 현명한 선택을 하면서 자신의 세 아들들을 키워 가고 있는 혜진이에게 존경과 감사의 박수를 보낸다.

그러나 혜진이의 마음에 있는 엄마에 대한 상처와 아쉬움, 아픔들은 아직 다 해결을 받지 못한 것 같아 안타깝다. 이제는 엄마의 장점을 충분히 인정하고 그것을 계속 사용할 것을 격려하기도 하고, 고마움을 표현하기도 함에도 불구하고 어릴 때 받은 상처와 감정이 상한 부분은 여전히 남아 있는 듯하다. 그렇게 영특하고 총명하고 바르던 딸을 제대로 알지 못하고, 이해해 주지 못하고, 배려해 주지 못함으로 인해 그의 삶에 있어서 적지 않은 손상을 입게 만든 나의 잘못들을 어떻게 보상해 줄 수 있을지, 그저 미안한 마음뿐이다.

하지만 딸을 지으시고 이끄시는 주인께서 그 딸의 진정한 필요를 누구보다 잘 알고 계시며, 시시때때로 채우시고 이끄심을 믿기에 그분께 기쁨과 감사로 나의 딸과 가정을 부탁한다. **자녀 양육은 내 뜻대로 빚는 일이 아니라, 하나님이 이미 지어 놓으신 길을 따라가도록 지켜보는 일이라는 것을 알기 때문이다.**

성주 성장기:
엄마의 부족함을 채운 아들의 헌신

○ **기적처럼 태어난 아들**

둘째 아들, 성주는 태어나기 전부터 하나님의 특별한 손길에 붙들려 있던 아이였다. 첫째 아이 하나로 충분하다고 생각했던 우리는, 선교사로 나갈 계획 때문에 더 이상 아이를 낳을 여유가 없다고 여겼다. 그러나 첫째 혜진이 홀로 지내는 것을 몹시 힘들어하고, 아기들을 유난히 좋아하는 모습을 보며 "이 아이에게는 형제가 꼭 필요하겠구나" 하는 마음이 일었다. 그렇게 두 번째 생명이 우리에게 주어졌다.

그러나 기쁨은 오래 가지 않았다. 임신 사실을 알기도 전에 몸이 좋지 않아 병원을 찾았고, 의사의 지시에 따라 무심코 엑스레이 촬영까지 했던 것이다. 임신을 알게 되었을 때, 산부인과 의사는 단호하게 말했다.

"아이가 건강할 가능성은 희박합니다. 심각한 장애를 갖고 태어날 수 있습니다. 낙태를 고려하셔야 합니다."

1989년 당시, 한국 사회에는 강한 산아제한 정책이 있었고, 장애 가능성이 있는 아이라면 낙태가 비교적 쉽게 권유되던 시절이었다. 하지만 내 마음은 흔들리지 않았다. "하나님께서 주신 생명을 내가 어떻게 거절할 수 있겠는가." 낙태 권유를 단호히 거절한 뒤, 불안과 두려움 속에서도 기도하며 나날을 보냈다.

그리고 마침내 태어난 성주. 울음소리가 병원 복도에 울려 퍼지던 순간, 그 소리는 단순한 신생아의 울음이 아니라 하나님이 주신 "생명의 노래"였다. 그 순간을 나는 지금도 잊을 수 없다. 아들의 첫 울음은 우리 가정에 주어진 첫 번째 기적이었다.

성주는 내가 신학교에 다니던 시절 태어나 친정어머니의 손에 의지해 키워졌다. 한 살이 되던 무렵, 우리는 선교사 훈련을 위해 호주로 떠났고, 그곳에서 막내 성현이까지 태어났다. 성주는 고작 16개월 만에 동생을 맞게 되었고, 부모는 타문화권 정착으로 정신없는 시간을 보내느라 둘째에게 충분한 사랑을 주지 못했다. 놀이방에서 혼자 노는 시간이 길어지면서, 그의 얼굴에는 늘 눈물 자국이 마르지 않았다. 아이의 외로운 모습이 눈에 밟혔지만, 당장 선교사 훈련, 언어 적응, 사역 준비에 매몰되어 제대로 안아 줄 겨를이 없었다. 그 어린 심장이 얼마나 큰 허기를 느끼고 있었을까. 지금 돌이켜 보면 그 시절의 성주는, 이미 태어나면서부터 자기 몫 이상의 외로움을 감당해 내야 했던 작은 전사였다.

○ 아프리카 들판을 누비던 작은 용사

우간다 북쪽 아루아, 한적한 시골 마을. 그곳이 성주가 본격적으로 자신의 세상을 펼친 무대였다. 막 두 살이 된 꼬마가 플라스틱 접시를 자동차 핸들 삼아 흙길을 달리며 "부릉부릉" 소리를 내는 모습은, 우간다 아이들에게도 금세 친근한 풍경이 되었다. 마을 사람들은 그를 '피터'라 부르며 손을 흔들었고, 성주는 그 인사에 활짝 웃으며 답했다.

그러나 이 명랑한 아이의 웃음 뒤에는 끊임없는 시련이 숨어 있었다. 도착 7개월 만에 무려 18번이나 말라리아로 병원 신세를 져야 했다. 기록에 남아 있는 횟수만 그렇다. 말라리아로 인해 토하고 열에 시달리는 아들을 두고, 나는 종종 맡겨진 사역을 위해 집을 나서야 했다.

세월이 흘러 대학생이 된 성주가 어느 날 툭 던지듯 말했다.
"엄마, 생각나세요? 내가 네 살 때 말라리아 걸려서 아파 있을 때, 엄마가 여기다 토하라고 하면서 내 침대에 대야를 갖다주셨죠…?"

그 순간, 온몸에 전율이 흘렀다. 아이는 잊지 않고 있었다. 나는 부끄럽고 미안한 마음에 이렇게 중얼거렸다.

"세상에… 그렇게 무식한 엄마가 다 있었구나. 성주야, 정말 미안해. 지금이라면 절대 안 그랬을 텐데."

그러자 아들은 고개를 저으며 말했다.

"아니에요, 엄마. 그래서 전 엄마를 존경해요. 엄마는 우리만 챙기지 않고 다른 아이들도 차별하지 않으셨잖아요. 그래서 대학교도 세우실 수 있었고요. 전 엄마가 자랑스러워요."

그 순간, 나는 무너져 내렸다. 내가 죄책감으로 여겨 온 장면이 아들에게는 존경의 기억으로 남아 있었다니. 눈물이 흘러내려 멈추지 않았다.

○ 엄마의 편이었던 아들, 그리고 짧은 방황

딸 혜진이와는 늘 보이지 않는 긴장과 갈등이 있었다. 그러나 성주는 달랐다. 늘 엄마를 걱정해 주고, 엄마를 도와주려는 든든한 보호자 같은 아들이었다. 공부도, 운동도, 인간관계도 모두 원만했다. 그야말로 모범생이었다.

그러나 미국 고등학교 시절, 성주는 처음으로 엄마의 가슴을 졸이게 했다. 파티 문화에 노출되며 늦게 들어오는 날들이 잦아진 것이다. "자정까지는 들어오라"는 원칙을 세웠지만, 새벽 두세 시가 넘어 들어오는 경우도 있었다. 당시 지역 신문에는 고등학생들의 마약, 폭력, 총기 사건까지 연이어 보도되던 시절이었다.

어떻게 이 문제를 풀어야 할지를 고민하다가 내가 선택한 방법은 아무런 말을 하지 않고 그저 성주의 침대에 누워서 그 아들이 돌아오기를 기다리는 것이었다. 많은 경우는 피곤한 탓에 그 침대에서 잠이 들었다가 문 여는 소리에 잠이 깨기도 했다. 그러나 성주의 입장에서는 새벽에 들어오는 자기를 기다리느라 엄마가 잠을 자지 않고 있는 것이 못내 미안하고 마음에 걸렸던 것 같다.

나중에야 아들이 고백했다.

"엄마가 꾸짖지 않고 기다려 주셔서 감사했어요. 그게 저를 지켜 줬어요."

부모에 대한 배려심이 많은 성주는 자신이 미시간 대학교에 갈 수 있었고, 가고 싶어 했음에도 불구하고 학비가 많이 들어갈 것을 걱정하여 스스로 좀 더 랭킹이 낮은 대학을 가서 부모나 가계에 부담을 주지 않으려고 했다. 그 아름다운 마음을 아시고, 하나님은 좀 더 좋은 대학인 UCLA로 인도해 주셨다. 이 아들은 졸업 후에 LA에서 좋은 직장을 얻고 그곳에서 정착할 수 있었음에도 불구하고, 그 당시에 어려운 상황 가운데 있던 부모인 우리를 도와주기 위해 모든 특권을 포기하고 부모 곁으로 돌아와 큰 도움이 되어 주었다. 직장이나 청소년 사역, 결혼 등의 모든 문제들을 하나님 앞에서 스스로 해결하고 주도하면서 부모에게 힘이 되어 주었던 귀한 아들이다.

돌이켜보면 성주는 대학의 전공을 정할 때에도, 인턴 과정을 선택할 때에도, 직장을 구할 때에도, 결혼을 할 때에도 자신이 훨씬 잘 할 수 있음에도 불구하고 부족한 부모의 조언을 구했고, 그때마다 우리의 의견을 존중하고 그 길을 선택해 주었다. 그래서 조언을 주는 것이 한편으로는 두렵기도 했다. 그래서 나는 늘 기도했다. "하나님, 제가 혹시라도 이 아이의 길을 막지 않게 하소서!"

성주는 언제나 엄마의 부족함을 채워 준 아들이었다. 어린 시절 대야 옆에 앉아 말라리아와 싸우던 그 아이는, 이제 부모의 빈자리를 메우는 어른으로 성장해 있었다. 그의 존재 자체가, 하나님이 우리 가정에 주신 큰 선물이었다.

성현 성장기:
기적의 시리즈, 명품 장인의 완벽한 설계

성경에는 '세례 요한'이라 불리는 인물이 있다. 그는 예수님의 길을 예비하도록 하나님께서 먼저 보내신 사람이었다. 낙타 털옷을 입고 메뚜기와 석청을 먹으며 광야에서 살던 독특한 모습에도 불구하고, 사람들은 그의 메시지를 듣기 위해 스스로 광야로 찾아갔다. 회개를 촉구하는 그의 음성 앞에서 수많은 이들이 굴복했고, 그의 짧지만 굵은 생애는 오늘날까지 위대한 영향력으로 기억되고 있다. 그러나 세례 요한의 삶이 그렇게 위대하게 쓰임받았을 때, 그 아들의 삶을 지켜보아야 했던 어머니의 마음은 얼마나 무너지고 아팠을까. 그 질문을 깊이 생각하게 만든 사람이 바로 나의 막내아들, 성현이었다. 성현의 인생은 한마디로 '기적의 연속'이었다. 그리고 그 기적은 결코 우연이 아니라, 마치 명품 장인이 한 땀 한 땀 정성스레 설계하듯 하나님께서 빚어 가신 특별한 작품이었다.

○ 뜻밖의 선물, 셋째 아이

우리 부부는 결혼할 때부터 선교사의 삶을 약속했기에, 자녀는 혜진 하나로 충분하다고 생각했다. 그러나 혜진이가 말을 배우고 걷기 시작하면서 친구를 너무 좋아하고 혼자 있는 시간을 힘들어하는 것을 보며, 둘째 아이의 필요성을 느끼게 되었고 그렇게 성주가 태어났다. 그런데 둘째 출산 후 산후조리를 하던 중, 전혀 계획하지 않았던 셋째 아이가 우리에게 급히 찾아왔다.

당시 한국은 "둘만 낳아 잘 기르자"는 강력한 산아제한 정책을 홍보하던 중이었고, 셋째 아이부터는 의료보험 혜택도 주지 않고 세금도 부과하겠다는 분위기였다. 우리 역시 외국으로 나가야 하는 상황이라 당연히 둘이면 충분하다고 여겼다. 그때를 돌이켜 보면 눈앞이 캄캄했다. 셋째 아이를 임신했다는 사실을 누구에게도, 심지어 부모님에게도 알리지 못하고 죄인 된 심정으로 한국을 떠나게 되었다.

호주에서 선교사 오리엔테이션을 받던 중에 성현이를 출산했고, 외국에서의 여러 어려운 상황으로 인해 산후 조리도 제대로 하지 못한 채, 우리의 선교지인 아프리카 우간다로 들어가게 되었다. 생후 5개월이었던 성현이는 그때부터 우간다 자매에게 업혀 날마다 적도의 뙤약볕에 노출되어 돌아다닌 탓인지 거의 아프리카 태생처럼 까만 피부를 가지게 되었다. 그 작은 몸으로 낯선 환경에 적응해야 했던 성현이의 유년기는 고난의 연속이었다.

○ 죽음의 문턱에서 건져 올리신 하나님

성현은 두세 살 무렵부터 개를 몹시 좋아했다. 어른들도 접근하기 두려워하는 저먼 셰퍼드나 불독 같은 개에게도 서슴없이 다가가 먹을 것을 나누어 주곤 했다. 그 옆에 앉아서 자기가 먹던 것을 개 입에 넣어 주고, 개 밥그릇에 있는 밥을 자기도 먹고 있는 모습을 발견할 때마다 소스라치곤 했다. '혹시라도 위험한 세균에 노출될까' 하는 불안감에 나는 늘 가슴을 졸여야 했다.

그 때문인지 세 살 때에는 패혈증으로 죽음의 고비를 넘겨야 했다. 우간다 국립 병원에 파송되어 일하던 유사무엘 선교사는 자신이 의사가 된 가장 큰 보람은 성현이를 살린 것이라고 고백했다. 당시 성현이의 피는 마치 죽은 시체, 혹은 썩은 고기에서나 볼 수 있는 완전히 부패한 상태였기 때문에, 본인도 자신의 눈으로 직접 확인하지 않았다면 그 피의 주인공이 살아 있다는 것을 믿지 않았을 것이라고 했다. 그는 의료적으로 '살아날 수 없는' 상태였다고 단언했다. 다행히 지금은 살아났지만, 자라면서 심장과 관련된 합병증이 있을 것이라는 경고를 남겼다. 성현이는 생존 자체가 기적이었다. 그 아슬아슬하고 절박했던 순간을 떠올리면 지금도 아찔하다.

성현은 초등학교 5학년까지 아프리카에서 홈스쿨링 교재로 공부하다가, 6학년 때 미국으로 와 정규 학교에 들어가게 되었다. 아프리카 시골에서 살던 아이가 갑자기 미국 도시 문화에 노출되니 모든 것이 신기하고 낯설었다. 젤리와 탄산음료에 빠지고, 바지를 흘러내리게 입는 쎄깅 스타일을 따라 하며, 머리를 노랗게 염색하고 힙합 춤과 록 음악에 몰두했다. 그 모습은 목사이자 선교사의 아들로서는 받아들이기 어려운 부분이 많았지만, 이미 주변의 눈총과 압박 속에 살아가는 아이에게 부모까지 짐을 얹을 수는 없었다. 우리는 그저 묵묵히 기다리며, 하나님의 때에 변화가 일어나리라 믿을 수밖에 없었다.

그러던 중 7학년 어느 날, 성현은 갑자기 "하나님이 나에게 목사가 되라고 말씀하셨어요."라고 고백했다. 예배 중에 마음 깊은 곳에서 분명한 음성이 들렸다는 것이다. 겉으로는 "그래?" 하고 넘어갔지만, 마음속에는 '네가 과연?' 하는 의문이 남았다.

그런데 8학년이던 어느 날, 학교에서 성현이가 마약 매매에 관련되었다고 호출하는 전화가 왔다. 청천벽력 같은 소식이었다. 그렇지 않아도 미국 공립학교에는 동성애와 마약이 만연해 있어서, 무상 교육을 받을 수 있음에도 불구하고 많은 부모들이 공립학교를 외면하고 사립학교를 선호하던 중이었다. 쿵쾅거리는 가슴을 부여잡고 학교에 갔더니, 그날 30여 명의 학생들이 마약을 팔고 샀는데 그들 모두에게 10일간 정학 처분을 내린다는 것이었다. 내 아들이 마약 매매와 관련하여 유기 정학을 당하다니. 하늘이 무너지는 것 같았다. 도저히 상상도 할 수 없던 일이 일어난 것이다.

성현이가 들려주는 말로는, 자기가 수업 중에 머리가 너무 아파서 타이레놀을 좀 얻으려고 양호실을 찾아갔었는데 그때 양호실에 같이 있던 아이가 자기에게 타이레놀이 있는데 줄까 물어보기에 달라고 했더니 2불을 달라고 하더란다. '왜 돈을 달라고 하느냐'고 했더니 점심값이 없다고 해서 2불을 주고 타이레놀을 사서 먹었다는 것이다.

그런데 그것이 마약이었고, 성현이 입장에서는 억울하게 당한 것이었다. 평소 워낙 별난 행동을 하던 녀석이라 마음 한구석에는 '혹시 마약인 줄 알면서도 그것을 먹은 것은 아닌가' 하는 의심이 들기도 했다. 애써 "너무 걱정하지 마라"고 위로를 해 주었지만 엄마로서의 마음은 갈기갈기 찢어지는 듯했다.

그리고 나는 교장 선생님을 다시 찾아가 성현이가 들려준 설명을 근거로, "우리가 모두 미국 문화를 몰라서 발생한 일이니 한 번만 선처를 해 달라"고 간곡히 부탁했다. 그런데 그 교장 선생님의 대답은 충격적이었다. "이런 아이들은 학교에서 없어져야 합니다!"

당시 그 학교에는 거의 백인이고 소수의 흑인과 불과 서너 명의 아시아 학생이 있을 뿐이었다. 인종차별에다 자기가 돌보아야 하는 학생이 누구인지, 어떠한 상황에 있는지, 전혀 고려하지 않고 함부로 무

책임한 말을 하는 교장의 말을 듣고, '이런 사람 밑에 우리 아이를 두고 싶지 않다'는 강한 확신이 들었다. 그래서 10일간 정학을 받았지만 성현이와 의논하여 우리는 학교에 돌아가지 않고 홈 스쿨링을 하기로 했다. 이는 성현이의 삶뿐만 아니라 우리 가족 전체의 방향을 바꾸는 중요한 전환점이 되었다.

홈스쿨링을 하게 되니 비디오 수업을 하고 쉬는 시간에는 둘이서 대화하는 시간을 갖게 되었다. 그동안 몰랐던 성현이의 깊은 내면을 매일 새롭게 알아가면서 충격을 받은 부분이 한 두 가지가 아니었다.

장래에 무엇을 하고 싶은지, 꿈이 무엇인지를 물어보았다. 그랬더니 그는 유치원부터 대학 과정까지의 학교를 세워서 부모가 없는 아이들을 데려다 키우고 싶다고 했다. "고아원도 아닌데 왜 부모가 없는 아이들이라야 할까?" 하고 묻자, 성현이는 놀라운 대답을 하였다.

"아이들을 망치고, 아이들을 힘들게 하는 사람이 바로 '부모'입니다." 라고 하는 것이 아닌가.

"부모가 왜?" 하고 묻자, 성현이는 답했다.

하나님이 아이들을 세상에 보낼 때 각 사람에게 꿈을 주시고, 은사를 주셨기 때문에 아이들이 마음껏 놀고, 하고 싶은 것들을 하면서 자신의 꿈을 이루어 나가야 하는데 그것을 방해하는 것이 부모라는 것이다. 자녀를 자기가 만든 것도 아니고, 자녀를 잘 알지도 못하면서 "이것은 하지 마라, 저것을 해라, 이런 친구를 사귀지 마라, 위험하다, 거긴 가지 마라." 본인이 다 아는 것도 아니면서 자기가 하고 싶은 것을 자녀에게 요구하고, 자기가 하기 싫은 것은 자녀에게도 하지 못하게 한다는 것이 성현이의 주장이었다.

"그냥 사랑하고 돌봐 주기만 하면 하나님께서 알아서 잘 키우실 것이고 행복한 삶을 살아갈 텐데…. 부모 때문에 자식의 인생이 망가지고 있어요".

그의 말은 충격 그 자체였다. 그러면서 덧붙이는 말이 자신의 인생도 부모 때문에 망쳐졌기 때문에 다른 아이들의 삶이 그렇게 되지 않도록 도와주고 싶다는 것이었다. 그 순간, '자식의 인생을 망가지게 했다'는 그 부모가 바로 나였다는 사실에 큰 충격을 받았다. 나는 할 말을 잃었다. 그 충격적인 말에 나는 다시 물었다.

"너는 뭘 하고 싶었는데 엄마 때문에 못 했어?"

성현이는 세상에서 제일 하기 싫은 것이 공부였고, 노래하고 춤추는 것을 좋아했단다. 그리고 영화는 떠오르는 시나리오가 정말 많아서 영화를 만드는 일을 하라고 하면 즐겁고 재미있게 할 수 있었을 것이라고 했다. 그런데 엄마는 저녁마다 그날 뭘 하고 놀았는지는 한 번도 묻지 않으면서 항상 "숙제 했니?"라고 물었다는 것이다.

사실 나는 아이들에게 공부를 강조하고 싶지는 않았지만 그래도 최소한 숙제는 해야 한다고 생각했기 때문에 그렇게 물었다. 그런데 그

것이 어린 성현이에게는 엄마에게 가장 중요한 것은 공부라고 하는 메시지로 각인이 되었고, 그래서 자신이 좋아하고, 하고 싶은 것에 대해서는 이야기조차 꺼내지 않았던 것이다. 부끄럽게도 나는 그때까지 성현이가 좋아하고 잘하는 것이 무엇인지 모르고 있었다. 겉으로만 보던 아이의 모습이 아닌, 그 안에 숨겨진 진심과 재능을 그제야 알게 된 것이다.

그 당시 성현이와의 대화를 통해 나는 많은 것을 배우게 되었고, 부모의 무지와 욕심 때문에 얼마나 많은 자녀들이 고통을 당하고 있는지 새삼스럽게 알게 되었다. 성현이는 자신은 어려서부터 가족들과 사람들에게 인정을 받고 싶었고, 가족들을 위해서 뭔가를 하고 싶었다고 한다. 그런데 태어날 때부터 엄마가 원하지도 않았는데 태어나서 걱정거리였고, 누나나 형은 어디를 가나 인정을 받고 칭찬을 받는데, 언제나 자기 때문에 걱정을 하게 하고, 자기가 식구들에게 해 줄 수 있는 것은 아무것도 없고, 우리 집에서 자기는 없어도 되는 존재라고 생각해 왔다고 했다.

실제로 성현이가 워낙 엉뚱한 짓을 많이 하고 다니는 탓에 누나와 형이 그를 무시하고, 특히 형은 동생을 부끄럽게 생각할 때도 많았던 것이 사실이다. 그래서 새삼 성현이가 가졌던 고민과, 갈등과 고통의 세월들을 전혀 알지 못하고 그저 '언제나 자기 하고 싶은 대로만 하는 아이'로 여겨 왔던 것이 얼마나 미안하고 부끄러웠는지 모른다.

그렇게 8학년, 9학년 과정을 홈스쿨로 마친 성현이는 학교로 돌아가고 싶다고 했다. 뜻밖의 제안이었다. 이유인즉, 자기는 목사가 되어야 하는데, 목사의 가르침에 주목할 청소년들은 거의 없다는 것이다. 하지만 유명한 연예인이나 풋볼 선수가 하는 것은 다 따라 한다고. 그들이 입는 옷, 먹는 음식, 듣는 음악 모든 것을 따라가기 때문에 자기가 정말 영향을 주려면 유명한 사람이 되어야 한다고. 그래서 풋볼을 하고 싶으니 도와달라고 하는 것이다. 성현이의 말은 일리가 있었다.

성현이는 풋볼 선수가 되기 위해 홈스쿨링을 끝내고 10학년에 복학하게 되었다. 그리고 풋볼을 위해 정말 날마다 피나는 노력을 했다. 키도, 체구도 작은 동양 아이가 거구의 서양 아이들과 어울려 시합하는 것을 보면 어른들 틈에 낀 유치원 아이 같았다. 그 작은 몸으로 거구들과 싸워내는 아들의 모습은 늘 내 가슴을 조마조마하게 했다. 그의 도전은 단순한 스포츠가 아니라 하나님께 받은 부르심과 연결되어 있었다.

○ **기적의 대학 진학**

성현이의 고교 시절은 언제나 파란만장했다. 운동장에서 공을 차고 달릴 때는 누구보다 빛났지만, 교실 안에서는 늘 벽에 부딪혔다. 성적은 들쭉날쭉했고, 교사와의 갈등도 잦았다. 그러나 그는 한 가지 꿈에 모든 열정을 쏟았다. "나는 풋볼 선수로 대학에 간다." 그 목표 하나로 버텨 왔는데, 막상 고교 졸업을 앞두고 현실은 냉정했다. 대학 풋볼팀의 스카우트는 끝내 그에게 손을 내밀지 않았다. 그러자 성현이는 전혀 다른 길을 선언했다.

"나는 목사가 될 거예요. 그런데 대학은 안 가겠습니다. 시간 낭비고, 돈 낭비예요."

그 말은 부모의 마음을 흔들었다. 목사가 되겠다고 하면서 대학은 가지 않겠다니, 논리적으로 맞지 않는 선언이었다. 그러나 그의 눈빛은 진지했고, 스스로의 확신에 가득 차 있었다.

나는 스스로에게 물었다.

'정말 대학이 필요할까? 아니면 내 체면과 불안 때문에 붙잡고 있는 걸까?'

며칠을 씨름한 끝에, 마침내 나는 그의 선택을 존중하기로 했다. "그래, 대학 가지 마라. 네가 가고 싶은 길을 가라."

그런데 그 순간, 성현이의 입에서 뜻밖의 말이 흘러나왔다.

"엄마, 하나님이 저에게 공부를 하라고 하셨어요. 그래서 대학을 가야 해요."

내가 놓아 버린 순간, 하나님이 다시 그의 삶을 붙드신 것이다. 하지만 현실은 절망적이었다. 성현이의 기초 실력은 턱없이 부족했고, 이미 대학 지원 시기는 지나 있었다. 커뮤니티 칼리지에서 2년간 성적을 쌓고 편입을 노려야 하는 상황이었는데, 그조차도 쉽지 않았다. 특히 그가 바라본 목표는 UC 샌디에이고였다. 우리 모두는 그것이 기적 없이는 불가능하다는 것을 알았다.

그때부터 집안 전체가 '비상 기도 체제'에 들어갔다. 성현이 역시 매일 밤 내 손을 자기 머리에 얹게 하고 기도를 요청했다. 아이를 공부시키는 것도 힘들지만, 죽기 살기로 공부하겠다는 아이를 바라보는 부모의 마음은 더 애타고 무거웠다. 도서관을 극도로 싫어하던 아이가, 이제는 도서관 문을 닫을 때까지 버티고, 문이 닫히면 스타벅스로, 거기도 닫히면 또 다른 카페로 옮겨 다니며 새벽 1~2시까지 공부했다. 새벽녘 집에 돌아와서는 기도 받고 쓰러지듯 잠든 뒤, 다시 아침이면 학교로 향했다. 그 혹독한 여정 속에서 두세 번은 화장실에서 의식을 잃은 채 발견되기도 했다.

그러던 어느 날, 성현이는 진지한 얼굴로 내게 말했다.
"엄마, 하나님이 말씀하셨어요. '성현아, 네가 원하면 샌디에이고도 보내 줄 수 있고, UCLA나 버클리도 보내 줄 수 있다.'라고요."
나는 속으로 '샌디에이고도 벅찬데 무슨 UCLA, 버클리냐…' 하면서도 겉으로는 웃으며 "그래, 네가 원하는 대로 하면 되겠네"라고 대답할 수밖에 없었다.
믿기 힘든 일이지만, 그때부터 성적이 오르기 시작했다. GPA가 4.0

이 안 되는 상태에서 합격될 가능성이 희박함에도 불구하고 하나님께서 말씀하셨다니까 UC버클리, UCLA, 샌디에이고에 편입 원서를 넣었지만 그래도 자신이 없어서 어바인, 산타바바라까지 지원서를 넣었다. 모두가 불가능하다고 했지만, 결과는 정반대였다. 놀랍게도 모든 대학에서 합격 통지서를 받은 것이다. 형과 누나는 졸업을 걱정하여 좀더 부담이 덜한 샌디에이고나 UCLA를 권했지만, 성현이는 주저 없이 UC버클리를 선택했다. 과연, 첫 학기부터 낙오의 위기를 맞이하며 산 넘어 산을 넘어야 했지만, 결국 그는 끝까지 버텨 내어 졸업장을 손에 쥐었다. 그것은 인간의 힘으로 설명할 수 없는 기적의 여정이었다.

그를 오랫동안 지켜본 한 지인은 성현이의 결혼식 날 이렇게 말했다.
"성현이는 삶의 모든 순간이 기적이네요."
정말 그랬다. 그 아이의 삶은 하나님의 은혜가 한 편의 연속극처럼 이어진 '기적의 시리즈'였다.
더 감동적인 순간은 그의 고백에서 찾아왔다.
"엄마, 엄마는 믿음이 없다고 말하지만, 그래도 믿는 대로 사셨잖아요. 엄마가 제 인생에서 가장 잘한 일은 우리를 하나님 손에 맡긴 거예요. 형이나 누나도, 심지어 저 자신도 저를 무가치하게 여길 때, 엄마만은 끝까지 저를 믿어 주셨어요. 그게 저에게 힘이었어요."

그 말은 가슴을 울렸다. 부모로서 수많은 시행착오와 후회가 있었지만, 결국 내가 할 수 있었던 유일한 일은 자녀를 하나님께 맡기는 것이었다. 돌이켜 보면, 하나님께서는 내가 하지 못한 일을 대신 다 하셨다. 명문 대학, 반듯한 인품, 좋은 배우자와의 만남까지. 자녀들의 인생은 결코 내 노력의 결과가 아니라, 하나님께서 처음부터 끝까지 설계하시고 인도하신 작품이었다.

성현의 여정은 여전히 진행 중이다. 그러나 그의 삶의 한 순간 한 순간은 인간의 힘으로는 설명할 수 없는 기적이었고, 나는 매번 깨닫는다. 성현은 실수가 아니라, 하나님이 완벽하게 설계하신 작품이라는 사실을.

명품 장인의 세밀한 설계,
기적의 결혼 이야기

○ **혜진과 형민의 결혼 과정: 가장 빠른 길, 가장 완벽한 길**

혜진이와 형민이의 결혼 이야기는 단순히 두 남녀의 아름다운 사랑을 넘어선다. 현실적인 조건과 수많은 불확실성 때문에 망설이고 주저할 수밖에 없던 모든 상황 속에서, 하나님께서는 가장 빠르고 완벽한 길로 결혼의 모든 과정들을 인도하셨음을 고백하지 않을 수 없다. 이 모든 순간들이 어떻게 서로 연결되고 맞춰졌는지, 기적처럼 펼쳐진 그 발걸음을 소개하고자 한다.

예상치 못한 소식, 아버지의 염려

2011년 4월 초에, 형민의 아버지는 미국에서 인턴 생활을 하던 아들로부터 날아온 장문의 메일을 받고 충격을 받게 되었다. 미국에 간 지

3개월 만에 그곳에서 만난 혜진이라는 여성과 결혼을 하고 싶다고, 그것도 5월쯤에 결혼식을 올리면 한다는 소식이었다.

머지 않아 형민 아버지가 보내온 답신의 내용은 이러했다.

하나님을 믿고 사랑하는 아들을 신뢰하기에, 혜진이가 좋은 사람일 것이라는 희망과, 특히 그녀가 목회자의 자녀라는 점과 지혜로운 사람이라는 이야기를 들으며 큰 믿음이 생겼으나 결혼은 단순히 조건이 좋다고 해서 이루어지는 것이 아니며, 서로의 수준과 가치관이 맞아야 진정으로 편히 살아갈 수 있다는 조언도 잊지 않았다. 또한 인생에는 광야와 같은 힘든 시기가 찾아오기 마련인데, 그때에도 흔들림 없이 함께 걸어갈 수 있는 사람인지 객관적이고 냉정하게 살펴보아야 한다고 강조했다. 혜진이가 참 좋은 사람이라는 생각에 마음이 놓이기는 해도 아직 얼굴조차 보지 못하고 깊은 대화 한 번 나누지 못한 채 결혼을 결정한다는 것은 결코 쉬운 일이 아니라고 했다. 무엇보다 결혼 후의 삶이 훨씬 더 길 텐데, 지금 너무 서두르는 것은 아닌가 하는 우려를 내비쳤다.

형민 아버지는 아들의 결정을 반대하지는 않았으나 다만 5월 결혼은 너무 이른 시기라는 판단을 내렸고, 혜진이 집에서 굳이 올해 결혼을 서두르는 이유, 그리고 왜 꼭 5월이어야 하는지에 대해서는 풀리지 않는 의문이 남아 있다고 전했다. 마지막으로, 비록 아들이 신중하게 내린 결정일지라도 이 문제는 가족 모두가 함께 기도하며 하나님의 뜻을 더 깊이 분별해야 한다는 마음으로, 답신을 마무리하였다.

오해를 풀고 진실을 밝히다: 혜진 모친의 긴 메일

형민 부친의 염려를 전달받은 혜진의 엄마인 나는 그 아버지의 염려가 충분히 이해가 갔기에 곧바로 긴 이메일로 답신을 보냈다. 부모의 입장에서, 그리고 두 사람이 사귀는 모습을 가장 가까이에서 지켜본 입장에서 상황을 설명하는 것이 도움이 되리라 생각한 것이다.

먼저, 혜진이가 왜 올해 결혼을 해야 하는지에 대한 배경을 설명했다. 혜진이는 당시 대학을 졸업하고 낮에는 척추신경외과 의사 과정, 밤에는 한의사 과정을 밟고 있었다. 두 과정 모두 의사가 되는 4년 정도의 힘든 공부였다. 결혼 적령기였지만 결혼 생각은 없어 보여, 우리는 공부도 좋지만 결혼에 대해 생각해 보라고 권유했었다. 미국 젊은 이들이 공부와 생활 안정을 이유로 결혼을 미루는 경향이 있어, 크리스천 입장에서는 문제가 많다고 여겨지는 상황이었기 때문이다.

다행히 2009년 말경, 혜진이는 공부가 끝나기 전에 하나님이 보내주신 배우자가 있다면 결혼하고 함께 미래를 가꾸어 가는 것도 괜찮겠다는 마음을 품게 되었다. 그런데 혜진이는 5살에 한국을 떠나 한국 문화에 익숙하지 않고, 한국말 사용을 굉장히 어색해하였다. 그래서 자신이 선호하는 배우자 상은 당연히 미국 문화권에 있는 미국 사람이었다. 하지만 우리는 결혼은 개인의 일이 아닌 가족들과 관련된 일이기에, 하나님께서 특별한 계획으로 반대하시는 것이 아니라면 한국 사람과 결혼하기를 권유했고, 감사하게도 혜진이가 이를 조건적으로 받아들였다.

그것은 2010년 말이나 늦어도 2011년에는 결혼을 하는 것인데, 2010년 12월 말까지 부모가 한국 사람을 정해 주면 따를 것이고, 그렇지 않으면 자신이 원하는 사람과 해도 좋다는 것이었다. 혜진이가 제시한 결혼 대상자의 조건은 '신앙이 좋은 사람'과 '키가 자기보다 큰 사람'이었다. 그래서 2010년 우리 가족의 큰 기도 제목 중 하나는 한국 사람 중에 혜진이의 배우자를 찾는 것이었다. 주변에 수소문하여 신앙 좋고 키 큰 청년을 열심히 찾았지만, 의외로 혜진이보다 키 큰 사람을 찾는 것이 쉽지 않았다. 한국에서 소개받은 친구 목사님의 키 크고 멋진 아들이 있었지만 만남이 쉽지 않아 진행이 중단되기도 했다.

그렇게 어느덧 12월 둘째 주가 지나가던 어느 날, 혜진이는 아빠에게 "아빠, 이제 게임은 끝났어요. 이제 제 결혼은 제가 알아서 하는 거지요?"라고 회심의 미소를 지으며 말했다. 아빠는 "아니, 아직 연말까지 두 주가 더 남아 있는데 무슨 말씀을." 하며 웃고 넘겼다.

형민이 인턴으로 있던 회사의 사장님은 우리 교회 교인이었고, 우리는 그분이 소유한 집에 살고 있었다. 그 사장님은 2010년 9월부터 한동대 학생 한 명이 1년간 인턴으로 오게 되는데, 영적인 면과 여러 형편을 고려해 우리 집에서 머물게 할 수 있겠냐고 물었다. 우리는 그 학생이 둘째 아들 또래일 것으로 생각하고 흔쾌히 승낙했다. 아들과 함께 지내며 교회도 다니고 영적인 영향도 받으면 좋겠다고 여겼던 것이다.

그런데 9월에 오기로 한 학생은 계속 늦어졌고, 12월 20일 저녁, 하필이면 우간다 선교사인 나의 동생 가족이 일주일간 방문하는 일정으로 우리 집에 도착한 바로 그날 저녁에 왔다. 형민은 예상과 달리 군대를 제대하고 복학한 나이 든 대학생이었고, 혜진이보다 한 살이 많았다. 게다가 키가 185 센티미터로 장대같이 큰 청년이 들어오는 것을 보고 누구보다 혜진이가 초긴장할 수밖에 없었다.

때마침 형민이 온 때는 성탄절 휴가 기간이었다. 도착 다음 날 회사에 인사만 하고는 신년 1월 2일에 업무가 시작되기까지 12일 정도를 쉬는 상황이었다. 미국에 도착하자마자 휴가에 걸려 집에 머물러야 하는데, 우리 집은 몇 년 만에 만나는 가족들로 소란했고, 형민은 미국에 아는 사람도, 갈 곳도 없어 난처한 상황이었다. 그래서 모두가 함께 동행하기로 했다. 그날부터 초대를 받아 식사하는 곳에도 같이 가고, 밖에 구경 나갈 때도 계속 함께 다녔다. 저녁에는 벽난로에 장작불을 피워 놓고 밤 2~3시까지 이야기 꽃을 피웠다. 그 시간 동안 형민을 살펴 보니 믿음도 좋고 착하며, 어색한 상황에 자연스럽게 적응하는 능력이 뛰어난 것에 놀랐다.

동생 가족이 떠난 후에도 형민과 우리 가족은 낮에는 함께 구경을 다니고, 밤에는 벽난로 불 앞에서 고구마를 구워 먹으며 많은 이야기를 나누었다. 이때 다른 가족들은 형민과 자연스럽게 친해졌지만, 형민과 혜진은 오히려 서로 어색해하며 묘한 분위기를 연출했다. 하지만 가족들이 함께 시간을 보내는 기간이었기에 좋든 싫든 시간을 함께 할 수밖에 없었다.

우리 가족은 진담 반 농담 반으로 혜진이에게 "키가 크고 신앙 좋은 청년을 하나님이 보내주셨는데 어떡하지?"라고 물었지만, 1월 초순까지만 해도 혜진이는 별 관심이 없었다. 함께 시간을 보내며 형민이 착하고 괜찮다는 것은 알았지만, 자신과 어울리지 않는다고 생각했던 것 같다.

그렇게 시간이 흐르는 동안 이 사장님 회사에 한국에서 오기로 한 다른 직원의 입국이 계속 미뤄졌고, 결국 미국 비자를 받지 못해 들어오지 못하게 되는 바람에 형민은 계속 우리 집에서 지내게 되면서 자연스럽게 가족처럼 자리를 잡아 갔다.

그러다가 1월 말에 시작한 YWAM의 BDTS(독수리 제자 훈련 학교) 훈련을 우리 교회에서 하게 되었고, 형민과 우리 가족 모두가 참여하게 되었다. 각자 직장과 학교에 가는 시간을 제외하고는 한 집에서 살며 모든 것을 같이 하게 되었다. 그러다 보니 사람들 사이에서는 형민과 혜진이가 사귀는 것으로 인식하기 시작했고, 시간이 갈수록 부모 된 우리의 마음은 복잡해졌다. 만약 둘이 정말 하나님이 짝지어 주신 사람들이라면 문제가 없겠지만, 그렇지 않다면 곤란한 일이었다. 형민은 시간이 지나 한국으로 돌아가면 그만이지만, 우리 가족의 입장은 달랐기 때문이다.

혜진이에게 물어보면 특별한 관계는 아니라고 하는데, 우리의 눈에는 물론 다른 사람들에게도 그렇게 보이지 않는 것이 문제였다. 형민의 회사 사장님 부부와 몇몇 사람이 중간에 나서서 이 관계를 확실하게 맺어 주는 것이 어떻겠냐고 제안했지만, 우리는 거절했다. "하나님께서 정말 붙여 주시는 사람이라면 자연스럽게 연결되지 되지 않을까"라고 믿었던 것이다.

혼자 이 문제를 놓고 고민하다가 어느 날 형민을 불러 물었는데, 형민 역시 혜진이와 사귀는 관계는 아니라고 했다. 나는 형민에게 "본인들은 아무런 관계가 아니라고 하지만 사람들은 그렇게 보지 않는다"는 점과 혜진이와 가족 사이에 있었던 이야기, 즉 혜진이가 지금 결혼할 배우자를 찾고 있는 중이라는 상황을 들려주었다. 그래서 이 문제에 대해 진지하게 기도하며 생각해 보고 가능성이 있다면 계속 이 상태를 유지하되, 그렇지 않으면 같이 다니지 말고 관계를 분명하게 하는 것이 좋겠다는 이야기를 해 주었다.

그런데 언제부터인지는 모르겠으나, 두 사람이 더욱 가까워진 것 같았다. 매일 형민이 퇴근하면 두 사람이 부엌에서 차를 마시며 이야기하는 것을 보고, 우리는 새벽 기도가 있어 잠자리에 들곤 했는데, 새벽에 일어나 보면 그때까지 계속 이야기하고 있는 것을 종종 보게 된 것이다. 게다가 혜진이는 가족을 제외하고는 거의 영어를 사용했는데, 두 사람이 한국말로 재미있게 이야기하는 것을 보면 그만큼 친밀해졌다는 것인데 내심 신기하고 놀라웠다.

그러는 중에 BDTS 훈련 과정 중에서 '내면의 상처 치유' 강좌가 있었는데, 약간 미숙하게 진행된 관계로 적지 않은 청년들이 치유보다는 오히려 상처를 받는 일이 있었다. 그런 것들을 형민과 혜진이가 서로 나누고, 그 훈련 과정을 함께 거치면서 두 사람이 더 많이 가까워진 것 같았다.

그래서 나는 혜진이에게 형민이를 어떻게 생각하는지 진지하게 물었는데, 혜진이의 대답이 뜻밖이었다. "아무래도 형민은 하나님이 저를 위해서 보내 주신 사람 같아요." 듣고 보니 혜진이가 가족들에게 나누지 않은 배우자에 대한 기도 제목과 체크리스트가 십여 개 있었다는데, 형민과 사귀어 보니 그 조건들이 거의 다 맞아 자신도 놀랐다고 했다. 두세 번 정도 형민이가 정말 하나님이 보내 주신 사람이라면 이렇게 하게 해 달라고 기도한 것이 있었는데, 그때마다 응답이 되었다는 말에 놀랐다.

그러던 어느 날 형민이 정식으로 혜진이와 사귀고 싶다는 이야기를 했다. 우리는 환영한다는 것과, 그렇지만 하나님 앞에서 부끄럽지 않도록 절제된 관계라야 계속 아름답게 지속될 수 있다는 부분을 강조했다. 정말 절제하느라 애를 쓰기는 했지만, 두 사람이 서로를 많이 좋아한다는 것을 누구나 알 수 있게 되었고, 주변 사람들이 "언제 결혼하느냐", "빨리 결혼해야 되지 않느냐"는 말들을 할 때마다 우리의 마음은 솔직히 많이 복잡했다. 형민은 정말 좋은 하나님의 사람이고, 한국에 있으면 좋은 직장을 구해서 큰 어려움 없이 살 텐데, 혜진이를 만나 미국으로 온다면 영어나 문화를 극복하는 쉽지 않은 과정들을 통과해야 하는데 과연 그럴 필요가 있을까 하는 질문 때문이었다. 그러다가 한편으로는 하나님께서 계획하신 것이라면 따르는 것이 마땅하고, 조금이라도 젊었을 때 더 넓은 세계에서 믿음의 지경을 넓혀 나가면서 하나님을 새롭게 경험해 가는 것도 큰 축복이라는 생각을 하게 되었다.

남편에게 형민을 만나서 구체적인 이야기를 나누는 것이 좋겠다는 제안을 했다. 남편은 결혼에 대해 어떻게 할 것인지를 물으니까 형민의 말이, 자신은 사귈 때 결혼을 전제로 하고 사귀게 되었고, 지금은 혜진이와 정말 결혼하고 싶은데 자기 형편이 준비되어 있지 않기 때문에 이야기를 못했다는 것이다. 그것에 대해 남편은 "결혼은 다른 어떤 것보다도 사람이 준비되면 되는 것"이라고, 자신도 학생 때 결혼했는데 그것이 주는 이점도 많이 있었다는 것을 나누었다. 만약 하나님이 정해 준 짝이라는 것에 대한 확신이 있다면 환경을 보고 움츠리지 말고 당당하게 나가라고 격려했다고 한다. 그리고는 두 가지 중에 하나를 선택하라고 제시했다. 하나는 한국에 돌아가 대학을 졸업하고 와서 결혼하는 것이고, 다른 하나는 결혼하고 나서 한국으로 돌아가 대학 공부를 끝내는 것. 그런데 형민이 선택한 것은 결혼을 먼저 하고 한국에 가서 공부를 마치는 것이었다. 이유는 그냥 헤어지면 두 사람이 다시 만나서 결혼한다는 보장이 없다는 위험성이 있기 때문이라는데, 이것에 대해 남편도 함께 동의했고, 그렇다면 부모님의 허락을 받으라고 이야기했다.

형민은 급히 부친에게 결혼 승낙을 받기 위한 이메일을 보냈고, 갑작스런 소식에 그 아버지는 많이 놀랐던 것이다. 나는 두 사람이 사귀게 된 배경과 상황을 설명한 후에, 그동안 혜진이 배우자를 위해서 기도해 왔었고, 형민이 그 사람이라는 확신이 있다는 것, 교회에서 함께 기도했던 사람들도 그렇게 느끼고 있고, 친정 부모님들도 그렇게 생각하고 계신다는 것을 덧붙였다. 그래서 이제는 이 두 사람의 결혼에 대하여 형민 부모님께서 기도해 보시고 결정을 해 주시면 좋겠다는 생각을 밝혔다.

그렇지만 형민이나 혜진이 둘 다 아직 공부가 끝나지 않았기 때문에 사실상 경제적인 능력이 없어 스스로 결혼 생활을 할 수 없는 것은 사실이었다. 그동안 형민이 우리 집에서 함께 살면서 느낀 것은, 여러 가지 면에서 한 가족처럼 살고 있는데 결혼을 하지 않았기 때문에 두 사람이 각자 다른 방을 써야 했는데, 두 사람이 졸업하고 경제적인 능력이 있을 때까지 혜진이의 방에서 함께 살도록 하면 큰 문제가 없겠다 싶었다. 그리고 어려울 때 서로 의지하고 의논하면서 미래를 함께 가꾸어 나가는 것이 모든 것이 갖추어진 상태에서 시작하는 것보다 훨씬 더 의미가 있다는 것이 우리의 생각이라는 것을 나누었다.

그리고 결혼의 시기를 왜 5월로 제안하는지에 대한 이유도 설명했다. 나의 이메일을 통해 자세한 설명을 들은 형민 부모님은 상황을 이해하게 되었고, 무엇보다 아버지는 "형민이가 호주로 가려다가 미국으로 가게 된 것과, 그곳에서의 상황을 듣고 보니, 하나님께서 인도하셨음이 확실히 느껴집니다"라고 강한 확신을 표현했다.

운명적인 타이밍, 하나님의 완벽한 설계

이처럼 긴 이메일과 대화들을 통해 두 사람의 결혼은 급물살을 타게 되었다. 5월이 너무 촉박하다고 염려하던 형민 부모님께서는 뜻밖에도 5월 7일에 결혼식을 올리는 것으로 제안했다. 그 이유는 형민의 사촌 동생이 5월 14일에 결혼을 하게 되는데, 이왕이면 형인 형민이가 일주일이라도 빨리 결혼하는 것이 좋겠다는 지극히 현실적인 이유였다. 그러나 이 모든 것은 하나님의 놀라운 섭리였음을 나중에야 깨달을 수밖에 없었다.

원래 형민은 호주로 인턴을 가기로 되어 있었다고 한다. 그런데 서류가 자꾸 지연되어 비자를 받지 못하고 있던 중에 미국 회사와 연결이 되었고, 거기다 형민의 인턴 회사 측에서는 이왕 늦어졌으니 1월에 들어오는 것이 좋겠다고 했는데, 형민의 부친께서 "이왕 가는 것 일찍 가서 적응을 하라"고 등을 미는 바람에 12월에 미국으로 들어오게 되었다는 것이다.

만약 형민이 12월을 넘기고 회사에서 제안한 대로 1월에 들어왔더라면 어떻게 되었을까? 그러면 혜진이와 가족들이 모두 각자의 생활전선에 돌아가 바쁘게 지낼 터라, 한 공간에서 자연스럽게 친해질 기회가 없었을 것이고, 결혼에 대한 진지한 진행도 없었을 것이다.

형민의 호주 비자 지연, 미국 인턴십 연락, 그리고 12월 미국 입국, 같은 공간에서 거주하게 된 것 등의 모든 상황과 타이밍이 절묘하게 맞아 떨어진 것은, 하나님의 완벽한 설계였다. 하나님은 정말 세밀하고 빈틈이 없는 분이심을 고백하지 않을 수 없다.

미국 젊은이들의 여론 조사에서 결혼은 제일 큰 스트레스라고 한다. 과연 불투명하고 막막한 결혼에 대한 걱정과 불안 때문에 싱글로 남는 청년들이 많은 현실 속에서, 형민과 혜진이 결혼하기까지의 과정은 오직 하나님의 계획과 세밀하신 인도하심 속에서 이루어진, 사랑과 믿음의 아름다운 증거였다.

○ 성주와 메리암의 결혼 과정: 헌신 위에 세워진 기적의 가정

2016년 후반기, 우리는 자연스럽게 둘째 아들 성주의 결혼 이야기를 꺼내게 되었다. 첫째 딸 혜진이 먼저 가정을 꾸린 이후, 둘째 역시 혼기를 넘기지 않고 좋은 배우자 만나길 바라는 것은 부모로서의 소망이자 기도 제목이었다. 성주 역시 2017년에는 결혼을 하겠다는 생각을 품고 있었지만, 정작 주변을 둘러보아도 뚜렷한 상대는 없었다.

예년과 마찬가지로 성탄절이 다가오자 온 가족이 모였다. 늘 그렇듯 크리스마스 시즌은 흩어져 있던 가족들이 다시 만나 서로의 안부를 묻고 삶을 나누는 귀한 시간이었기에, 자연스럽게 결혼 이야기도 다시 오갔다. 혹시 마음에 두고 있는 사람이 있는지 묻자, 성주는 잠시 머뭇거리다가 "아직 확신은 없지만, 가볍게 만나고 있는 사람이 있기는 하다"고 조심스레 말했다. 그러나 그 이상을 구체적으로 밝히려 하지 않았다. 부모로서는 궁금했지만, 성주의 성격을 알기에 더 다그칠 수는 없었다.

성주의 삶은 그야말로 쉼 없는 헌신의 연속이었다. 평일에는 직장에서 묵묵히 업무를 감당했고, 금요일 저녁부터 일요일까지는 교회의 중고등부 전도사를 맡아 밤낮으로 섬겼다. 거기다 주중에는 대학생들을 대상으로 영어 과외를 하고, 한 달에 한 번은 지역 기독 대학생 모임에서 강의까지 맡았다. 주어진 시간을 온전히 하나님께 드리는 듯한 삶이었다. 그러나 부모 된 눈으로 바라볼 때, 그는 언제나 지쳐 보였고, 건강이 버텨 줄 수 있을지 늘 걱정스러웠다.

2017년 4월 어느 오후, 예상치 못한 기회가 찾아왔다. 그동안 성주가 만나던 자매 메리암이 운동을 하다 손목을 다쳤다며 아빠에게 진료를 받고 싶다고 하였다. 남편은 당시 한의원을 운영하고 있었기에, 우리는 환자로서 처음 그녀를 만나게 되었다.

첫 만남의 인상은 오래도록 잊히지 않았다. 소박하면서도 단정한 차림, 눈웃음에 묻어나는 밝음, 그리고 대화를 나눌 때 드러나는 차분한 어투는 요즘 세대에서 보기 드문 깊이와 성숙함을 보여 주었다. 한의원 진료 특성상 30분 이상 침을 맞아야 했는데, 다른 환자들이 없던 덕분에 우리는 자연스럽게 그녀와 이야기를 나눌 수 있었다. 메리암은 성주와 함께 교회 중고등부 교사로 섬기고 있었고, 2년 동안 청소년 사역과 단기 선교를 함께하며 동역자로 지내 왔다고 했다. 그녀의 말과 태도 속에서 가볍지 않은 신앙의 뿌리, 그리고 성주와 닮은 열정과 헌신을 발견할 수 있었다.

그날 저녁, 우리는 집으로 돌아오며 서로에게 눈빛을 주고받았다. "이제야 하나님이 준비하신 사람을 만난 게 아닐까?"라는 생각이 깊은 확신처럼 다가왔다. 그리고 조심스레 성주에게 말했다. "그 자매와 진지하게 교제를 해 보는 게 어떻겠니?" 비록 확신은 없었지만, 우리 마음에는 어느새 "이제는 한 가족으로 받아들일 수 있겠다"는 생각이 자리 잡고 있었다. 이후 메리암이 몇 차례 더 치료를 받으러 오면서, 우리 역시 그녀와 대화를 이어 가며 가까워졌다. 그 과정은 우리에게 확신을 더해 주는 시간이었다.

시간의 벽을 넘어, 하나님이 준비하신 결혼식

마침 성주에게는 인생의 중요한 전환점이 다가오고 있었다. 한국의 한 교회로부터 영어 예배 담당 사역자로 섬겨 달라는 초청을 받은 것이다. 그는 만 한 살 때 한국을 떠난 후 줄곧 외국에서 성장했기에, 한국에서 신학 공부와 목회 경험을 쌓는 것이 유익하리라 판단했다. 그러나 이는 동시에 한 가지 현실적인 과제를 안겨 주었다. 결혼이었다. 한국에 가면 최소 3년 이상은 머물러야 했기에, 우리는 그에게 결혼하고 함께 한국으로 가는 것이 좋겠다고 권했다. 하지만 당시로서는 불가능에 가까운 도전이었다. 출국은 12월 말, 한국 신학교 입학은 1월 초, 그리고 눈앞에는 단 6개월 남짓한 시간. 그 사이에 결혼을 확정하고, 예식 일정을 정하고, 모든 준비를 마쳐야 했다. 게다가 7월에는 한

달간의 유럽 단기 선교 일정이 예정되어 있었다.

그러나 믿음의 결단은 때로 기적을 불러온다. 성주와 메리암은 함께 기도한 끝에 8월 15일을 결혼식 날짜로 정했다. 양가 부모의 반응은 감사하게도 순조로웠다. 메리암의 부모님은 이미 성주를 잘 알고 있었기에, 기쁨으로 승낙했다. 그러나 현실적인 문제는 여전히 산더미 같았다. 미국에서 결혼 예식을 준비하려면 예식장 예약, 관공서 허가, 각종 준비 절차가 필요하다. 더구나 성주와 메리암은 직장 정리와 사역 마무리로 바쁘게 뛰어야 했고, 부모 된 우리는 그저 기도로 뒷받침할 수밖에 없었다.

그때 놀라운 하나님의 손길이 나타났다. 한 분의 소개로 연결된 LA의 한 선교 단체는 결혼 비용 때문에 고민하는 젊은 사역자들을 돕는 공동체였다. 그곳의 웨딩 플래너와 몇몇 헌신자들은 성주와 메리암의 이야기를 듣자마자 기꺼이 발 벗고 나섰다. 무려 7시간을 달려 프리몬트까지 와서는 며칠 동안 머물며 결혼 준비의 대부분을 도맡았다. 교회 예배당을 웨딩홀로, 옆의 체육관을 리셉션 홀로 변신시켰다. 장식, 조명, 식탁 꾸밈, 웨딩드레스, 신부 화장, 부케까지 모두 그들의 손길로 준비되었다. 호텔 예식장 못지않은 품격과, 어떤 전문 업체도 흉내 낼 수 없는 따뜻한 진심이 더해진 자리였다.

그리고 2017년 8월 15일, 성주와 메리암의 결혼 예배가 드려졌다. 신랑 신부는 직접 찬양을 올려드렸고, 하객들은 손을 모아 축복의 기도를 올렸다. 눈물이 흐르고 웃음이 터지는 순간순간마다, 하나님이 친히 이 두 사람을 한 가정으로 세우셨음을 온몸으로 느낄 수 있었다.

심지어 참석한 한 한인 지도자 부부—믿지 않는 분들이었음에도—"이렇게 감동적인 결혼식은 처음 본다"라며 놀라움을 감추지 못했다. 예식은 단순한 행사가 아니라, 살아 계신 하나님이 주관하신 예배이자 축제가 되었다.

결혼식 후, 두 사람은 손을 맞잡고 한국으로 향했다. 부모 된 우리는 눈물로 떠나보냈지만, 마음은 오히려 든든했다. 하나님께서 친히 준비하신 가정을 세우셨으니, 이제 어디에 있든 두 사람은 하나님의 나라를 위해 귀하게 쓰임 받을 것이기 때문이다.

그날의 결혼은 단순히 한 가정의 시작이 아니었다. 그것은 헌신의 시간 속에서 준비된 만남, 시간의 벽을 넘어 일하신 하나님의 기적, 그리고 지금도 우리 삶 속에서 역사하시는 은혜의 살아 있는 증거였다.

○ **예지와 성현의 결혼 과정:**
  말씀과 응답으로 엮은 기적의 사랑

2019년 10월 2일, 우리 부부는 부산의 어느 교회에 며칠간 머물면서 기도하는 시간을 가졌다. 3개월간의 동남아 선교 여행을 마무리하고 앞으로의 행보를 깊이 있게 계획하고 싶었기 때문이다. 마침 그 교회에는 24시간 누구든 시간에 관계없이 자유롭게 이용할 수 있는 기도실이 있어 우리에게는 더없이 감사한 공간이었다.

여느 때와 마찬가지로 그날도 기도실로 내려가 무엇을 위해 기도해야 할지를 주님께 물었다. 그런데 놀랍게도 너무나 선명하게 **"성현이가 결혼을 해야 한다"**는 생각이 들었다. 성현이는 이미 결혼을 하지 않는 것으로 잠정적인 합의를 보았던 터라, 이 뜻밖의 응답에 나는 당황할 수밖에 없었다.

사실 한국에 머물고 있던 성현이가 2018년 10월, 할머니를 모시고 미국을 방문했을 때였다. 우리는 다른 어떤 일을 시작하기 전에 결혼부터 하면 좋겠다고 제안했었다. 2019년에는 결혼을 하는 것으로 하자고 했더니, 성현이는 아무 말 없이 그저 웃기만 할 뿐이었다. 그래서 주변에 있는 여자들의 리스트를 가져오라고 했다. 성현이 주변에는 어려서부터 여자아이들이 많았지만, 그가 여자친구로 생각하는 사람은 없는 듯했다. '원래 친구가 여자친구가 되고, 그러다 배우자가 되는 것 아니겠느냐'는 생각에 주변에 있는 여자들을 눈여겨보라고 한 것이다. 과연 괜찮은 자매가 세 명 정도 있었다.

그러나 성현이가 가야 할 길을 생각하며 그 자매들이 배우자로 적당한지를 따져 보면 확신이 서지 않았다. 워낙 특이하고 헌신적인 삶을 살아가기로 자신을 내어놓은 터라, 과연 그 삶을 감당해 갈 사람이 누구일지, 괜히 엉뚱한 사람 데려다가 고생시키는 것은 아닐까 하는 조심스러운 부분들이 많았다. 의외로 그 자매들 입장에서는 워낙 오랫동안 성현이를 알아 온 탓인지, 다들 그에게 관심이 있는 듯했다.
미국에 있는 사람 중에서 결정을 하지 못한 채로 성현이가 다시 한국으로 나가게 되는 바람에, 미국에서 추진하던 것을 중단하고 한국에서 소개받은 자매들을 만나 보는 것으로 권했다. 만남을 주선하겠다고 하는 제안을 거절하는 것도 쉽지 않은 일이라, 성현이는 두 번 정도의 만남을 가졌다. 그리고는 자신은 일단 결혼을 접어 두겠다며 더 이상 사람을 소개받지 말아 달라고 하였다. 소개를 거절하는 것도 어렵고, 자신의 삶이 가정에 매일 수 없을 것 같은데, 만약 결혼을 하면 가정을 지켜야 하기에 사명에 소홀해질 수 있다는 것이 그의 이유였다. '같은 사명을 받아서 같은 길을 가기로 준비된 사람이 있을 것'이라 생각했지만, 일단은 성현이의 의견을 존중하여 결혼에 대한 것은 접는 것으로 2019년 5월에 잠정적으로 합의를 보았던 것이다.

부모에게 주신 '예지'라는 이름

그런데 다섯 달이 지난 오늘, 하나님은 다시금 "결혼"을 말씀하셨다. 나는 주님께 솔직히 여쭈었다.

"주님, 알겠습니다. 그런데 사람이 있어야 하지 않습니까? 혹시 예비해 두신 자매가 있다면 알려 주세요."

그 순간, 스쳐 가는 얼굴이 하나 있었다. 이름은 '예지'. 그러나 확신은 없었다. 나는 조용히 눈을 감고 다시금 확증을 달라고 기도했지만, 아무 응답이 들려오지 않았다. 그래서 남편에게 기도를 요청하기 위해 뒤를 돌아보았더니 남편이 보이지 않았다. 점심때가 한참 지나고 저녁이 다 되어서야 돌아왔다.

기도하기로 한 사람이 없어졌다가 해가 저물 때에야 나타났으니, 은근히 화도 나고 궁금하기도 하여 다짜고짜 물었다.

"어디 다녀오셨어요?"

"응, 기도 산책을 하고 왔어."

"그래요? 그럼 무슨 기도를 했는데요?" 나는 조급한 마음으로 재차 물었다.

"여러 가지… 근데 하나님이 **성현이가 다른 일을 하기 전에 결혼을 먼저 하는 것이 좋겠다**고 하시네." 그 말을 듣는 순간, 심장이 멎는 것 같았다. 남편에게도 같은 말씀을 하셨구나. 그다음이 너무 궁금하여 "그래서요?" 하고 독촉했다.

"그래서 내가 '아니, 지금 직장도 없고, 돈도 없고, 사람도 없는데 어떻게 결혼을 합니까?' 하니, 주님이 '너는 뭐가 있어서 했냐?' 하시더라고." 사실 우리는 아무것도 준비되지 않은 학생 때 결혼을 했었다.

"맞아요, 주님. 아무리 그래도 사람은 있어야지요…"

"사람이 옆에 있는데 성현이가 관심을 주지 않는다."

여기까지 들었을 때, 나는 그 사람이 '예지'라는 생각이 강하게 들었다. 왜냐하면 예지와 그 부모들이 훈련을 받고 있는 '킹덤 스쿨'에서 성현이가 간사로 필요한 부분을 돕고 있었는데, 성현이에게 예지에 대해 물었을 때 아는 것이 전혀 없었기 때문이다.

그래서 나는 너무 아쉬운 심정으로,

"아~~~ 그럼 이름을 좀 물어보시지 그랬어요?"

"물어봤지. 근데 처음 듣는 이름이라 지금 기억이 잘 안 나네…"

나는 아는 이름들을 하나씩 열거하기 시작했다. 그러다 "예지?" 하고 묻자, 남편의 얼굴에 미소가 번졌다.

"맞아. 그 이름이야. 예지."

순간, 온몸에 전율이 흘렀다. 내가 오전에 "예지가 맞는 사람이라면 확증을 달라" 기도했는데, 저녁에 돌아온 남편의 입에서 '예지'라는 이름이 흘러나온 것이다.

갑작스러운 캄보디아행, 그리고 부모의 초조함

그 일이 있고 이틀 후에 우리는 집으로 돌아왔는데, 캄보디아의 선교사님으로부터 성현이가 10월 말에 캄보디아로 와서 도와주면 좋겠다는 긴급한 메시지가 와 있었다. 한숨을 쉬며 난처해하고 있는 성현이에게 "너무 힘들면 못 간다고 해도 돼."라고 말하자, 성현이는 단호하게 답했다. "아뇨, 갈 거예요. 하나님이 '내 일이 그렇게 급하냐?'고 하시네요. 그건 가라는 뜻이지요."

그렇게 해서 10월 31일에 캄보디아로 출국하는 것으로 결정되었다.

남편과 나는 '성현이 결혼을 시키라며 배우자의 이름까지 받았는데, 성현이가 갑자기 캄보디아로 떠나 버리면 어떻게 되나?' 하고 노심초사했다. 날짜는 너무 촉박하고 마음은 급한데, 차마 성현이에게 결혼에 관한 말을 꺼낼 수가 없어 눈치를 보고 있었다.

그래도 더 이상 시간을 지체할 수 없어서 아침에 나가려는 성현이에게 용기를 내어 말했다.

"아들, 하나님이 너보고 결혼을 먼저 하라는데…"

"뭔 소리예요?" 약간 귀찮다는 듯이 짜증이 섞인 듯한 목소리였다.

"나한테 네 짝을 보여 주셨는데, 아빠한테는 이름도 알려 주셨어. 엄마, 아빠가 다 응답을 받았으니까 이제 네가 기도해 봐."

"뭔 소리예요? … 결혼은 안 하기로 했잖아요…" 그의 심기가 보통 불편한 것이 아닌 듯했다. 그래서 오히려 내가 큰소리를 치면서 말했다.

"엄마 아빠가 정해 주는 사람이면 그 사람하고 결혼하겠다고 했잖아. 우리가 응답받았다는데 이제 와서 딴소리야. 내가 결혼할 것 아니니까 네가 기도해 보라고"

"그 사람 누구예요? 이름을 말해 보세요?"

"말 못 해. 네가 기도하고 먼저 응답을 받아."

그리고는 얼른 그 방을 나와 버렸다. 그랬더니 나가려던 걸음을 멈추고 침대에 벌렁 드러눕는 것이 아닌가. 조금 지나니까 집이 떠나갈 정도로 기타를 치면서 찬양을 해 댔다. 마치 발악을 하는 것처럼 보였다. 방언으로 기도를 했다가 침대에 누웠다가 일어났다가, 찬양을 했다가, 한숨을 쉬었다가…. 아들의 방에서 들려오는 그 소리들은 그의 내면에서 벌어지는 치열한 영적 씨름을 고스란히 보여 주었다.

괴로워하며 몸부림치는 아들의 모습을 지켜보는 나는 숨도 쉬지 못한 채 죄인이 된 심정으로, '정말 결혼을 하는 것이 맞는지, 예지가 그 배우자가 맞는지를' 주님께 다시 물었다. 그때 마음에 다시 확증을 주셨다.

"그럼 언제 결혼을 하면 됩니까?"

"**2019년 11월**"이라는 글자가 보이는데 믿을 수가 없었다. 그건 현실적으로 불가능한 일이었기 때문이다. 성현이는 10월 말에 캄보디아로 떠나게 되고, 지금은 10월 12일이었다. 나는 환상이나 꿈이나 음성으로 응답을 받는 경우가 별로 없었고, 그래서 그것을 잘 신뢰하지 못하는 편이다. 그래서 이번에도 '잘못 보았겠지' 하며 무시하고 지나갔다.

3일 동안 자기 방 안에서 씨름을 하던 성현이는 이렇다 저렇다 아무런 말이 없었다. 그다음 날인 13일에 성주 부부가 성현이 떠나기 전에 얼굴을 보러 왔다며 집으로 왔다. 저녁을 준비하고 있는데 며느리가 달려와서, "어머니, 어머니, 레이 결혼해요?" "그래? 결혼한대? 응답받았대?" "네." 나한테는 입을 다물고 있더니 형하고 형수에게는 이야기를 한 모양이다.

예지 부모님과의 만남: 하나님의 세밀한 인도

일단 성현이가 결혼에 대한 응답을 받았다는 것을 알았으니 이제 예지 쪽을 타진해 보아야 하는 상황이다. 예지에게 남자친구는 있는지, 결혼에 대해서는 어떤 생각과 계획을 가지고 있는지 등에 대해 아무런 정보가 없었기 때문이다. 그래서 그날 밤에 예지 엄마에게 카톡을 보냈다. 예지네 집에는 우리가 동남아 선교를 나가기 전에 그 댁에서 식사를 초대하여 한 번 방문한 적이 있었기에 그 엄마가 내 카톡 리스트에 있었다. 혹시 시간이 될 때 만날 수 있겠느냐고 물었더니 목요일 오후에 만나자고 응답이 왔다. 나는 당장 다음 날이라도 만나고 싶은데 그쪽이 여의치 않으니 4일 후인 목요일에 만나기로 했다.

그런데 약속 전날인 수요일에 연락이 왔다. "갑자기 급한 일이 생겨서 그러니 다음 주 월요일은 어떠냐"고? 그렇게 되면 성현이는 캄보디아로 떠나기 전날까지 지방으로 다니다가 출국하도록 일정이 짜여 있어 서로 얼굴을 대할 기회조차 없는 상황이 되어 버린다. 마음이 무너졌다. 그래서 "제가 예지 중매를 하고 싶은데 혹시 예지에게 사귀는 사람이 있거나, 지금 결혼에 대한 마음이 없다면 만나지 않아도 좋고, 만약 관심이 있다면 약속하신 대로 내일 한 시간 정도만 시간을 내 주실 수 있으신가요?" 그랬더니 현재 사귀는 사람은 없고, 결혼에 대해서는 자연스러운 만남을 구하고 있다고 하면서 잠깐 만나자고 하였다. 그래서 17일 목요일에 만나는 것으로 약속이 잡혔고, 나는 그때 예지나 부모님이 원하는 사람은 어떤 사람인지, 결혼은 언제쯤 하려고 생각하는지를 타진해 보려고 했다.

"예지는 어떤 남자를 원하고 있나요?"

"영적으로나 지적으로 자기가 신뢰하고 따라갈 수 있는 사람을 달라고 기도하고 있어요. 그런데 서울대 출신이라는 것이 결혼에 장애가 될 줄은 몰랐네요."

그러면서 설명하기를 원래 예지는 빨리 결혼을 하고 네 명의 아이를 낳아 키우기를 원했다고 했다. 그래서 오래전부터 결혼을 놓고 기도하며 배우자를 찾고 있었는데, 서울대 출신이라는 것 때문에 남자들이 주저하는 것 같다고 하였다. 그런데 지인 중에 예지를 마음에 두고 있는 청년의 부모가 10월 말에 함께 만나자고 연락이 와서 그렇게 하기로 약속했는데, 그 청년이 예지의 짝으로 준비된 사람은 아닌가 조심스레 생각해 보고 있다고 덧붙였다.

그래서 내가 물었다.

"그럼 어머님은 어떤 사위를 원하시나요?"

"어떤 상황에서도 환경이나 돈에 휘둘리지 않고 굳건하게 자기 자리를 지킬 수 있는 사람이요."

흠, 예지와 그 엄마, 둘 다 원하는 사람이 정확하게 성현이었다. 사실 중매를 하겠다고 만남을 자청했지만, 남자는 현재 직업도 없고, 수입도 없고, 모아 둔 돈도 없고, 집도 없고, 그렇다고 당장 직업을 구하지도 않을 것이고…. 막상 결혼에 대한 말을 하자니 차마 입이 떨어지지를 않았다.

그런데 다행히 예지와 그 부모가 킹덤 스쿨에서 훈련을 받는 동안 성현이가 간사로서 도왔기 때문에 서로 전혀 모르는 사이는 아니라고 생각되었다. 그래서 솔직하게 이야기를 꺼냈다.

"제가 소개하려고 하는 사람이 제 아들 성현입니다. 지금 결혼을 할 수 있는 아무런 준비는 되어 있지 않은데, 하나님께서 결혼을 하라고 하시네요." 그러면서 한 주 전에 기도를 하면서 응답을 받은 과정들을 설명해 드렸다.

"사실 오늘은 예지와 부모님이 어떤 사람을 원하는지 알아보려고 왔는데, 두 분이 원하며 기도하는 사람이 정확하게 성현이네요. 그래서 그냥 엘리에셀의 심정으로 말씀을 드립니다." (엘리에셀은 성경에 나오는 아브라함의 종으로서 아브라함의 아들인 이삭의 아내를 구하기 위하여 아브라함의 고향으로 가서 하나님께 기도한 대로 응답을 받고 리브가를 만나 이삭에게로 안내했던 사람이다.) 간단하게 성현이에 대한 소개를 하고 난 후에 이 일을 놓고 기도해 보고 연락을 달라는 부탁을 하고 돌아왔다.

이틀이 지난 토요일 저녁까지도 예지네 쪽에서 아무런 응답이 없었다. 그래서 내가, "혹시 주일 저녁에 예지와 성현이가 만나서 시간을 가질 수 있도록 하는 것이 괜찮으실까요? 성현이가 캄보디아 가기 전에 가능한 시간이 많지 않은데 내일 저녁은 가능한 것 같아서 형편이 어떠신지 여쭤 봅니다."라며 먼저 연락을 했다.

그렇게 해서 10월 20일, 드디어 두 사람의 첫 만남이 이루어졌다. 아무래도 당사자들끼리만 만나는 것이 어색할 것 같아 양가 부모들과 함께 저녁을 먹은 후에 예지와 성현이, 양가 부모들이 각각 티 타임을 가졌다. 예지네 부모님과의 대화 가운데서 예지는 정말 하나님께서 예비하신 성현의 배우자라는 것을 계속 확인해 갈 수 있었다.

내가 예지 엄마를 만나고 난 후에 가족들이 서로 이 일에 대해 나누고 기도하면서 알게 된 사실은, 예지는 성경의 리브가(아브라함에게서 보냄을 받은 종 엘리에셀을 만나 이삭에 대한 이야기를 듣고 그 아내가 되기 위해 엘리에셀을 따라 나섰던 여인)처럼 남자 쪽에서 자기를 픽업해서 데려가 주기를 기도했다고 한다. 그리고 24살에 결혼하여 30세가 되기 전에 4명의 건강한 아이들을 낳는 것을 목표로 했었단다. 그래서 자신이 입을 웨딩드레스도 골라 놓았고, 결혼반지, 사진 촬영 스튜디오 등을 다 찾아 두었는데, 정작 남자가 없어서 2년이나 결혼이 늦어졌다고 하는 것이다.

그날 성현이와 예지가 자기들끼리의 시간을 갖기 위해 나갈 때 내가 부탁했다. "예지야, 성현이는 네가 물어보지 않으면 먼저 말을 하지 않을 거야. 그렇지만 네가 물어보는 것에 대해서는 뭐든지 성실하게 대답을 할 테니까 무엇이든지 궁금한 것이 있으면 다 물어보세요~~"

첫날의 모임을 즐겁게 마치고 집에 돌아오면서 내가 물었다. "예지가 뭘 물어보던?" "아무것도 안 물어보던데요." "아니 그럼 몇 시간 동안 무슨 이야기를 한 거야?" 성현이 말로는 예지가 지금 고민하고 있는 것은 결혼이 아니라 자신의 진로에 관한 것이었다고 한다. 그래서 교회나 가족들에게 너무 책임감 느끼지 말고 본인의 마음에 있는 것을 따라 자유롭게 자기의 길을 가라고 조언을 했단다. 그들이 나누었다는 이야기를 들으니 좀 황당한 느낌이었다.
그런데 예지가 고민하고 있는 것이 무엇인지를 전해 듣는 순간, 나에게 '2019년 11월'이라고 결혼 시기에 대해 응답을 받은 것이 생각났다. 그래서 나는 성현이에게, "그럼 예지가 캄보디아를 가야겠네…"라고 말했다. 여러 가지 정황으로 보아 예지가 한국을 떠나 성현이와 함께 캄보디아로 가는 것이 현재 예지가 고민하는 문제들에 대한 가장 좋은 해결책으로 생각되었기 때문이다. 어느 때 같으면 또 엄마가 오버한다고 불만이었을 텐데, 그 말을 듣고 아무 말이 없었다.

그래서 성현이에게 설명했다. 언제 결혼하면 좋을지 물었을 때 2019년 11월이라는 마음을 주셨는데, 현실적으로 전혀 불가능했기 때문에 말하지 않았지만, 그것이 맞는 것 같고, 둘이 결혼을 하고 함께 캄보디아로 가는 것이 주님의 계획인가 보다고 했더니, 역시 아무 말이 없었다. 예지가 무엇을 고민하고 있는지 직접 들어 보고 함께 캄보디아로 가는 것을 제안해 보려고, 그날 밤에 예지에게 다음 날 만날 수 있겠느냐고 물었더니 좋다는 응답이 왔다.

다음 날 약속된 식당에서 단둘이 만남을 가졌는데, 만나자마자 대뜸 예지가 하는 말이,
"그러니까 제가 오빠하고 같이 캄보디아를 가야 되나요?"
마치 내 마음을 들여다보고 있는 것 같아 소스라치게 놀랐지만 애써 침착하게,
"아니, 그게 갑자기 무슨 말이야?"

예지가 설명했다.

"오늘 아침에 오빠가 청주로 떠난다고 하면서 어렸을 때의 가족 사진을 카톡으로 보내 줬어요. 그래서 저는 제가 고1 때 적어 놓은 100개 정도의 버킷 리스트가 있었는데 그것을 보냈어요. 그런데 그것을 작성한 지 너무 오래되었고, 내용이 너무 많아서 저도 생각이 나지 않는 것들이 많아서 카톡으로 보낸 사진을 손으로 확대해서 보는데, 눈에 띄는 글자가 '**캄보디아에 가서 예수님 전하기**'인 거예요. 저는 제가 그것을 적어 놓은 줄도 몰랐고, 그동안 태국, 베트남을 비롯하여 주변의 여러 나라들을 다녀왔지만 캄보디아는 어디에 있는지도 몰랐거든요. 오늘 아침에 그걸 보고 계속 캄보디아를 가야 되나 보다 생각하고 있었어요."

소름 끼치도록 놀라운 일이었다. 그래서 나는 여러 가지 정황들을 보면 둘이 12월쯤 결혼하고 캄보디아로 같이 가는 것이 가장 좋을 것 같다는 이야기를 해주었다. 예지도 처음에는 적지 않게 놀라는 듯하더니 자신은 그렇게 해도 되겠는데 두 가지 문제가 있다고 한다. 첫 번째는 자신의 엄마는 자기가 캄보디아로 가는 것을 절대 반대할 것이라고. 두 번째는 자기가 맡은 큰 프로젝트가 12월 중순에 공연을 하게 되어 있는데, 늦어도 11월 말까지 자기가 곡을 써 주어야 연습을 해서 공연을 할 수 있다고 하였다. 그 공연 날이 언제냐고 했더니 12월 18일이라고 한다. 그래서 농담 반 진담 반으로 웃으면서 "그럼 공연 끝나고

12월 21일에 결혼하고 캄보디아로 가면 되겠네. 만약 너희가 결혼하고 캄보디아로 가는 것이 주님의 계획이라면 너희 엄마에게도 같은 마음을 주실 것이라 생각한다. 그러니까 엄마가 반대할 것이라 걱정하지 말고 먼저 이것에 대한 너의 마음에 확신이 있고, 평강이 있을 때 엄마께 말씀드려 봐. 이 모든 일에 관하여 너에게 확신과 평강이 있는 것이 제일 중요하니까 절대 서두르지 말고."라고 말했다.

그런데 그 다음 날 아침에 예지에게서 카톡이 왔다. 자기의 예상을 깨고 엄마가 캄보디아 가는 것에 대해 적극 찬성하며 좋아하셨고, 그 외에도 자기가 고민하고 걱정하던 문제들이 다 해결되었다며 좋아하는 것이 아닌가. 게다가 예지 엄마도 성현이가 떠나기 전에 가족으로서 서로를 알아 가는 시간을 가지면 좋겠다며 지방 여행에 동행하고 싶다고 하는 것이다. 그래서 대구와 대전에서 올라와 춘천, 강릉, 전주의 일정에 예지 모녀가 우리 모자와 합류하기로 하였다.

나중에 들은 이야기인데, 나와 헤어져 집으로 돌아가던 예지는 너무 마음이 무겁고 힘들어서 하나님께 확증을 달라고 계속 기도를 했었단다. 그런데 전철역에서 집까지 걸어오는 동안에 "하나"라는 간판이 그렇게 많이 보이더란다. 하나은행, 하나금융, 하나마트…….

그 순간 내가 결혼 날짜로 제안한 **12월 21일**은 '**원래 하나였던 우리가 둘로 헤어져 살다가, 그 둘이 다시 하나가 되는 날**'이라는 생각이 들면서 마음에 막힌 것들이 다 뚫어지는 것 같았으며 기쁨과 평강이 있었다고 한다. 그래서 집에 와서 엄마에게 이야기를 했더니 엄마도 확신과 기쁨으로 딸이 말하는 것을 듣고 함께 기뻐하며 허락을 하게 되었다고 하는 것이다.

성현이의 일정은 캄보디아로 떠나기 전에 지방에서 초대받은 수제 버거 집을 방문하고 인스타그램에 올리는 것이었다. 화요일 아침 일찍 출발하여 11시쯤에 대구에 도착하여 그날 대구에 있는 수제 버거 집 10군데를 방문하여 햄버거를 먹게 되었다. 그날 밤에 대구의 숙소에서 성현이가 결혼과 관련하여 자기의 마음이 너무 무겁고 힘들다고 기도를 좀 해 달라고 하여 둘이서 간절히 주님의 도우심을 구하며 기도하는 시간을 가졌다.

그런데 생각해 보니 만약 이들이 12월에 결혼한다면 성현이가 캄보디아로 가기 전에 예지와 함께 사진 촬영은 해 두는 것이 좋겠다 싶어서 제안했더니 좋다고 하였다. 대전에서의 일정을 하루 앞당기고 목요일에 예지와 성현이가 만나 사진 촬영을 하는 것으로 일정을 변경하였다. 그런데 정작 목요일 아침에 예지로부터 연락이 오기를, 아직 둘이서 손도 잡아 보지 못했는데 사진 촬영을 하는 것은 너무 어색하고 힘들겠다고 하여 그냥 만나서 점심을 먹기로 했단다. 내심 아쉬웠지만 힘들다니 어떻게 하겠는가. 그래서 예지와 성현이는 서울숲에서, 예지 엄마와 나는 예지네 집에서 두 번째 만남을 가지게 되었다.

그날 예지 엄마가 하는 말이, 아침에 성현이를 만나러 나가는 딸이 자기 마음이 너무 무겁고 힘들다며 기도를 좀 해 달라고 하여 간절히 기도를 하고 보냈단다. 결혼할 남자를 만나러 가는데 발걸음이 떨어지지 않아서 기도를 받고 나갔다니… 듣는 나의 마음도 무거운데 당사자들은 어떠했을까. 기가 막힌 일이 아닐 수 없었다.

기도하면 성현이가 예비한 배우자가 맞다는 확신이 있고, 가족들도 다 동의하며 이 일을 예비해 주신 주님께 감사하고 있음에도 불구하고, 정작 둘이 만남을 가지는 것은 너무 부담스럽고 힘들다는 것이다. 그런데 그날 양가 엄마들이 대화를 나누고 있는 중에 예지로부터 "좋은 시간을 보내고 있다"는 카톡이 왔다. 전철역에서 자기를 보자 활짝 웃는 오빠의 모습을 보니 마음이 좀 풀렸고, 함께 대화를 하다 보니 참 재미있고 신뢰가 간다며 좋아하는 딸의 연락을 받았다며 그 엄마가 안심하는 것 같았다.

다음 날, 예지 모녀와 우리 모자는 전주를 가는 길에 고창에 계시는 예지 외할머니 댁을 방문했다. 외할머니가 외손녀의 남자를 너무 보고 싶어 하셨고, 그곳의 명물 풍천 장어와 백합 칼국수를 꼭 사 주고 싶어 하신다고 하여 외할머니 댁을 들리게 된 것이다. 다행히 예지와 성현이 둘 다 장어를 좋아하여, 그날 맛있게 먹고 할머니와 함께 너무 행복한 교제의 시간을 가질 수 있었다.

외할머니 댁으로 가는 차 안에서 내가 물었다.

"예지는 곡 쓰는 것 잘 되고 있나요?"

11월 말까지 곡을 써야 한다고 했는데 그것이 신경이 쓰였기 때문이다. 그런데 뜻밖의 대답이 나왔다. "아~~ 그러니까 제가 말씀을 안 드렸나요? 그 문제가 해결이 됐어요."

나와 만나던 자리에서 걸려온 전화를 예지가 좀 어색하게 받았었는데, 그 전화가 친구 전화였단다. 그날 밤에 그 친구가,

"야, 너 아까 남자 만났어?"

"아니, 결혼을 생각하고 있는 남자의 어머니."

"야, 너무 잘됐다. 너 거기에 집중해, 곡은 다른 사람을 찾아서 맡겨 볼게."

그렇게 해서 자신이 차마 말을 꺼내지 못했던 12월 18일에 있는 공연을 위한 곡을 쓰는 일에서 벗어나게 되었다는 것이다. 그 말을 듣는 순간 내 가슴은 방망이로 얻어맞은 것처럼 내려앉았다. 하나님께 언제 결혼하면 좋을지를 물었을 때 2019년 11월이라고 보여 주셨고, 현실적으로 전혀 불가능한 일이었기 때문에 '잘못 들었겠지' 하고 무시했는데, 하나님은 이 모든 상황들을 움직이고 계셨던 것이다. 예지가 11월 말까지 곡을 쓰고 12월 18일의 공연까지 묶여 있어야 하기에 불가능하다고 생각했는데, 그 문제가 해결되었다는 것이다. 상황이 열리는 것을 봐 가면서 이해할 수 있는 만큼의 정보만 전달한 나의 믿음 없는 모습에 가슴이 무너졌다.

그날 밤 예지 외할머니 댁에서 만난 예지 외삼촌이 예지와 성현이 커플이 너무 어울린다며 결혼은 언제쯤 할 계획이냐고 묻는다. 그 말에 성현이가 캄보디아 갔다 오면 준비해서 내년 12월쯤 할 생각이라고 대답하는 예지 엄마의 말을 듣고 좀 놀랐다.

나는 올해 12월로 말했고, 예지도 12월 21일이 좋다고 했었고, 그 엄마도 예지가 결혼하고 캄보디아로 가는 것에 찬성을 한 것으로 알고 있었기 때문이다. 결혼에 가장 큰 걸림돌이었던 예지의 작곡 문제가 해결되었는데 내년 12월이라니….

진정한 순종으로 열린 길

이 모든 일들이 하나님께서 알려 주신 결혼 날짜를 정직하게 나누지 않은 나 때문에 꼬이고 있다는 것을 알게 되었다. 다음 날 아침에 묵상한 말씀에서도 하나님을 경외하지 못한 나의 행동에 찔림을 받게 되었다. 그래서 예지와 엄마에게 물었다.

"이 결혼을 하나님께서 주관하고 계신다고 믿는다면 혹시 언제 결혼을 하면 좋은지 하나님께 물어보셨나요?"

"아뇨."

그래서 나는 올해 12월에 결혼하자는 이야기를 하게 된 배경을 설명했고, 내가 모든 것을 하나님께서 말씀하신 그대로 전달하지 못한 것에 대해 사과를 하고 제안했다.

"어차피 이 결혼을 시작하신 분이 하나님이신데 우리가 다 같이 결혼의 시기에 대해서도 다시 물어봅시다."

다음 날, 결혼 시기에 대해 다시 이야기하는 시간을 가졌다. 집에 남아 있는 양가 아빠들은 빨리 결혼할수록 찬성하는 분위기였다. 예지 아빠는 밤에 자다가도 너무 좋아서 잠에서 깨어나 혼자 웃는다고 하였다. 그날 저녁에 예지가 성현이와 이 문제에 대해 의논해 보았는데, 성현이가 "결혼식은 부모님들을 떠나는 자신들이 드릴 수 있는 마지막 선물이니 부모님들께 전적으로 맡기고 싶다"고 제의했으며, 자신도 같은 마음이라는 입장을 전해 주었다. 그러자 그 엄마가 자기에게도 12월에 결혼하고 예지가 캄보디아로 함께 가는 것이 맞다는 마음을 주셨다고 했다.

그렇게 하여 성현이가 캄보디아로 떠나기 이틀 전에 결혼식 날이 12월 21일로 결정되었다. 손을 잡아 보지도 않아서 사진 촬영을 못했다고 한 지 5일 만에 예지 커플은 사진 촬영을 하였고, 반지까지 맞추게 되어 둘이서 필요한 결혼 준비의 가장 중요한 부분을 끝내게 되었고, 예정대로 10월 31일에 성현이는 캄보디아로 떠났다. 그동안 결혼반지, 스튜디오, 웨딩드레스 등을 다 정해 놓았는데, 정작 남자가 없었다는 예지에게 남자가 정해지게 되니 나머지 준비들은 이틀 만에 끝냈던 것이다.

그런데 이제 문제는 결혼식장이었다. 결혼식이 채 두 달도 남지 않

있는데 장소를 찾는 것이 관건이었다. 12월에 결혼하는 커플이 9개월 전에 웨딩홀 예약을 하려고 했더니 자기가 원하는 장소들은 예약이 끝난 상태라 할 수 없이 비어 있는 곳을 선택하게 되었다는 말을 들었다. 그런데 성현이가 떠난 다음 날, 그러니까 11월 1일에 예지 엄마로부터 압구정동에 너무 좋은 장소가 사용료도 없이 식사비만 지불하면 되는 조건으로 계약이 되었다는 연락을 받게 되어 장소 문제도 기적처럼 해결이 되었다.

그렇게 시간이 흘러 결혼을 2주 정도 앞둔 12월 9일, 부모의 입장에서 기쁨과 감사를 표현할 아무런 선물도 전달하지 못하는 안타깝고 미안한 마음을 감출 수 없어 나는 예비 신부인 예지에게 카톡을 보냈다.

"사랑하는 예지님, 굿모닝~~ 잘 주무셨나요? 엄마 프로필 사진에 올라온 너의 드레스 입은 모습이 너무 이쁘네요!!!! 결혼식 날이 다가올수록 내 마음에 있는 부담감이 있었는데, 네가 드레스를 입기까지 해결될 것 같지가 않아서 고백을 해야겠네요. 사실 엘리에셀은 많은 선물을 가지고 리브가를 찾아갔잖아요… 그런데 나는 빈손으로 가서 지금까지 빈손으로 귀한 새 식구를 맞아야 하는 상황이니 마음이 너무 무겁네요. 물론 무리를 한다면 작은 선물이라도 줄 수 있겠지만, 하나님께서 주시지 않는 것을 만들어 내는 것은 나에게는 물론 그대에게도 좋은 일이 아니라는 생각이 들어서… 누구보다도 기쁘고 성대하게 마음과 물질로 그대들을 축복하고 격려하고 싶은데… 정말 미안합니다… 그렇지만 그대 부모님을 통하여 이런저런 모양으로 사랑의 마음이 표현되고 있는 것 같아서 미안하면서도 얼마나 감사한지 모른답니다. 하나님께서 누구를 통해서 그 사랑과 축복의 마음을 표현해 주시든지 감사함으로 받고 주님께서 공급해 주시는 더 좋은 것에 마음을 두고 만족하며 행복한 삶을 만들어 가기를 축복합니다!!!!! 마음을 다해 이쁜 신부 예지님께 축하와 사랑의 마음을 쏘아 보냅니다~~~"

예지로부터 온 답장은 나의 모든 염려를 눈 녹듯 사라지게 했다.
"엄마, 좋은 아침입니다. 저는 엄마 엘리에셀을 통해서 '배성현'이라는 사람을 선물 받았고, 올해 결혼을 할 수 있는 기회를 선물로 받았고, 오빠를 통해서 매일 하나님의 마음을 선물 받고 있고, 저를 낳지도 않으셨는데 친자식처럼 사랑해 주시고, 기도해 주시는 새 부모님을 선물로 받았고…. 여기에 다 적을 수도 없는 너무 많은 선물들을 받았어요~ 인간 김예지의 머리로 생각하지도 못한 서프라이즈 선물을 홀로 넘치게 받았어요. 오빠와 저의 앞에 하나님이 공급하시고 채우시고 열어 가시는 길이 탄탄하게 열려 있기 때문에 오히려 기대가 되고 신이 나요. 오히려 물질적으로 갖춰져 있었으면 이런 신뢰를 하나님께 온전히 드리지 못했을 것 같아요~ 저에게는 가장 완벽하고 근사한 결혼이에요. 이런 삶과 인생을 선물로 받았는데 뭐가 더 필요하겠어요~ 엄마! 부디 아무런 부담감 갖지 말아 주세요~ 지금도 그러하시듯 우리가 앞으로 하나님 안에서 어떻게 살아 내는지 기쁨으로 지켜봐 주시고 그 기쁨을 항상 같이 하는 엄마와 딸이 되어요."

전혀 계획에 없던 두 사람의 결혼이 하나님의 중매로 인해 단 두 달 만에 이뤄지기까지, 모든 과정들이 아름답고 순조롭게 진행되어 마침내 12월 21일에 결혼을 하고, 두 사람은 곧장 캄보디아로 떠나게 되었다. 지나고 보니 아름답고 순조로운 결혼이었지만, 그 과정 속에서 많은 갈등과 포기, 그리고 하나님을 신뢰함으로 그분께 순종하는 본인들과 가족들의 결단이 있었기에 가능한 일이었다. 두 달 전까지만 해도 사람도, 직장도, 결혼 자금도 없었던 두 사람이 만나 그 모든 장벽들을 뛰어넘고 결혼에 골인하여 새로운 가정을 이루게 된 것이다.

단기 선교사로 떠난 캄보디아에서 오붓한 신혼 생활을 시작한 이들 부부의 일상은 많은 이들에게 궁금증을 일으키기에 충분했는데, 그들의 고백은 많은 이들의 부러움을 샀다.

결혼 후 백일 후에 예지의 SNS에 올라온 글이다. "이 남자랑 인생을 함께한 지 백일째. 길지도 짧지도 않은 백일 동안 서로에 대한 많은 것을 알게 되었고, 우리 사이는 더 깊어졌다. 앞으로도 더 많이 알아 가고 싶다. 깨끗한 진심에서 비롯된 남편의 말과 행동이 난 참 좋다. 이 사람이랑 함께 하면 뭐든지 재밌다. 첫인상과 정반대인 모습을 발견해 나갈 때마다 보물을 찾는 기분이다. 내 모자랑 선글라스를 쓰고는 좋다고 실실 웃는 남편이 좋다. 심지어 잘 어울리기까지 해서 웃기다. 로맨틱보다는 코미디에 가까운 우리지만 따뜻해."

신혼 생활이 어떠냐는 질문에 성현이는 "하나님의 마음을 따라 아주 적은 것으로 순종했는데 너무 많은 것을 받았다"고 했다. 캄보디아에서 도움이 필요하다고 하니까 자기의 일정을 조금 희생하기로 결정한 것인데, 자신이 한국에 있었더라면 '코비드 19' 때문에 결국 아무것도 못 하고 있었을 것이라고. 그런데 결혼을 시켜 주셨고, 예지와 함께 동남아의 나라도 여행하고, 캄보디아에서 새로운 자신의 가정을 위한 하나님의 계획들에 집중하면서 엄청난 것들을 발견해 가는 복을 누리고 있다고…. 하나님의 섭리와 은혜가 너무 놀랍고 감사하다고 고백한다. 사실 예지 커플이 12월에 결혼하지 않았으면 1월에 '코비드 19'가 터져 결혼을 할 수도 없었을 텐데, 함께 한국을 떠나 캄보디아라는 새로운 땅에서 자신들만의 가정에 집중하는 놀라운 은혜를 입을 수 있었다 그들의 이야기는 지금도 우리 가족에게, 그리고 함께한 모든 이들에게 순종이 어떻게 기적을 열어 가는지를 보여 주는 살아 있는 증거로 남아 있다.

70년의 여정 끝에서
깨달은 진실:
인생은 명품이다

우리의 삶이 명품인 이유

명품의 가치는 단순히 비싼 가격에 있는 것이 아니다. 희소성, 독창성, 그리고 오랜 시간과 정성을 들여 완성된 이야기에 있다. 무엇보다 중요한 것은 우리를 만드신 분이 바로 가장 위대한 명품 장인이시기 때문이다.

○ 세상에 단 하나뿐인 희소성

명품은 대량 생산된 제품과 달리, 세상에 몇 점 없는 '희소성' 때문에 가치가 높다. 우리의 삶 또한 마찬가지다. 나는 세상에 단 하나뿐인 유일무이한 존재다. 아무리 유전적으로 똑같은 일란성 쌍둥이라 할지라도, 그들이 겪는 경험, 생각, 감정이 다르다. 내가 살아온 하루, 만났던 사람, 느꼈던 감정은 오직 나만의 것이다. 세상 그 어떤 누구도 나의 삶을 똑같이 살아 낼 수 없다. 이 독창적인 삶 자체가 바로 명품의 가장 중요한 가치다.

예화: '피그말리온'과 '나는 나대로 충분하다'

'피그말리온 효과'는 누군가에 대한 긍정적인 기대가 그 사람의 행동이나 성과에 좋은 영향을 미치는 현상을 말한다. 나의 삶을 명품이라고 믿는 순간, 나는 스스로의 가치를 높이는 행동을 하게 된다. "나는 세상에 하나뿐인 명품이야"라고 스스로에게 말해주고, 다른 사람과 비교하지 않으며 오직 나 자신의 고유한 가치에 집중할 때, 나는 진정한 명품으로서의 삶을 살게 된다. 내가 가진 모든 가능성과 잠재력을 스스로 믿어 주는 것, 그것이 명품 인생의 시작이다.

○ 불완전함 속에서 빛나는 독창성

명품은 완벽함만으로 만들어지지 않는다. 장인이 실수로 만든 흠집이 오히려 그 제품의 독특한 매력이 되기도 한다. 우리의 삶도 마찬가지다. 때로는 실수하고, 때로는 넘어지며, 상처 입기도 한다. 하지만 이 모든 불완전한 순간들이 모여 나라는 특별한 존재를 만든다. 나의 결점, 실패, 상처는 나의 인생을 더욱 풍부하고 깊이 있게 만드는 고유한 흔적들이다. 이 흔적들은 나의 스토리를 만들고, 나를 다른 누구와도 다른 존재로 만들어 준다.

> 예화: '킨츠기(Kintsugi)'와 '상처의 아름다움'

일본의 전통 예술 '킨츠기'는 깨진 도자기를 버리는 대신, 금으로 그 깨진 부분을 이어 붙여 더 아름답고 독특한 작품으로 재탄생시키는 기술이다. 깨진 흔적에 금을 칠함으로써 도자기는 이전보다 더 높은 가치를 갖게 된다. 우리의 삶도 이와 같다. 과거의 상처와 실패를 숨기려 하지 않고, 오히려 그것을 아름답게 인정하고 보듬을 때 나의 인생은 더욱 빛나는 명품이 될 수 있다. 나의 모든 상처는 나만의 독특한 '금빛 무늬'가 되는 것이다. 그 무늬가 나의 깊이와 아름다움을 더해 준다.

○ 시간이 지날수록 깊어지는 가치

진정한 명품은 시간이 흐를수록 그 가치가 더욱 깊어진다. 우리의 삶도 그렇다. 살아온 시간이 길어질수록 우리는 더 많은 경험과 지혜를 쌓게 된다. 젊은 시절의 열정과 패기, 중년의 지혜와 안정감, 노년의 온화함과 통찰력은 모두 삶의 다양한 시기를 거치며 만들어지는 명품의 가치다. 시간이라는 가장 위대한 장인이 나의 삶을 매일매일 더 깊이 있고 풍요롭게 만들어 가는 것이다.

예화: '빈티지 명품'과 '삶의 연륜'

오래된 명품 가방이나 시계가 '빈티지'라는 이름으로 더 큰 가치를 인정받는 것처럼, 우리의 삶의 연륜은 그 자체로 명품의 증거다. 나의 얼굴에 새겨진 주름, 손에 남은 굳은살, 그리고 지나온 시간들이 남긴 모든 흔적들은 나의 삶이 얼마나 열심히, 치열하게, 그리고 아름답게 살아왔는지를 증명하는 '명품 라벨'과 같다. 이 연륜은 아무나 가질 수 없는 귀한 보물이다.

명품 인생을 위한 기다림의 기술:
씨앗이 열매를 맺기까지

지금은 비록 명품의 모습을 갖추지 못하여 하찮아 보인다 할지라도 완성품이 되기까지 기다려 보자. 모든 위대한 존재는 인내의 시간을 거쳐 탄생한다. 씨앗이 오랜 기다림 끝에 아름다운 열매를 맺듯, 나의 삶도 때로는 보이지 않는 성장통을 겪으며 다듬어지는 중일 수 있다.

커널 샌더스(KFC 창업주)

그는 65세의 나이에 주머니에 단돈 105달러밖에 없었다. 은퇴를 고민할 나이에 그는 오히려 새로운 도전을 시작했다. 3년 동안 낡은 차를 타고 미국 전역을 돌아다니며 자신의 치킨 요리 비법을 팔았다. 수많은 거절에도 굴하지 않고 끈질기게 문을 두드렸다. 무려 1,009번의 거절 끝에 마침내 첫 번째 계약에 성공했고, 그의 나이 68세에 KFC라는 거대한 프랜차이즈 왕국을 세웠다. 그의 이야기는 나이에 상관없이 꿈을 향한 열정과 끈질긴 기다림이 얼마나 큰 결실을 맺을 수 있는지 여실히 보여 준다. 포기하지 않는 한, 기회는 반드시 찾아온다는 것을 증명한 셈이다.

마크 러팔로(할리우드 배우)

그는 10년이 넘는 시간 동안 수많은 오디션에서 탈락하고, 여러 직업을 전전하며 배우의 꿈을 이어 갔다. 성공 직전에 뇌종양 진단을 받고 안면 마비라는 치명적인 후유증을 얻기도 했다. 하지만 그는 좌절하지 않았다. 끝없는 재활 치료를 통해 이를 극복하고, 결국 할리우드 정상에 우뚝 섰다. 그의 삶은 포기하지 않는 인내와 기다림이 기적을 만든다는 것을 증명한다. 마치 깊은 겨울을 이겨낸 나무가 봄에 더 풍성한 잎을 틔우듯, 그의 고통은 성장의 자양분이 되었다.

아브라함(믿음의 조상)

그는 믿음의 아버지로 불리지만, 처음부터 완벽한 인물은 아니었다. 두 번씩이나 자기 목숨을 지키기 위해 아내를 누이라고 속이는 인간적인 실수를 저질렀다. 하지만 그의 삶은 단순한 성공 이야기가 아니라, 실수를 통해 배우고 성장하는 '인간적인' 과정의 연속이었다. 하나님과의 약속을 믿고 기다린 그의 기다림은 단순히 시간을 흘려보내는 것이 아니라, 내면의 믿음을 다듬고 성숙해지는 귀한 시간이었다. 결국 그는 모든 민족의 복이 되는 위대한 믿음의 조상이 되었다.

요셉(이집트 총리)

형들에게 배신당해 노예로 팔려 가고, 억울하게 감옥살이를 하는 등 수많은 고난을 겪었다. 그의 삶은 절망의 연속처럼 보였다. 그러나 그는 불행한 상황 속에서도 절망하지 않고, 그 시간을 인내와 지혜를 배우는 시간으로 삼았다. 오랜 세월 동안 억울함과 고통을 감내한 그의 기다림은 훗날 이집트 총리가 되어 극심한 기근 속에서 자신의 가족과 민족을 구원하는 큰 뜻으로 이어졌다. 그의 삶은 절망적인 상황 속에서도 소망을 잃지 않는 인내가 얼마나 큰 열매를 맺는지 보여 준다.

다윗 왕(이스라엘의 위대한 왕)

이스라엘의 위대한 왕이었지만, 그 역시 완벽하지 않았다. 충신을 죽이고 그의 아내를 취하는 비열한 행동을 저지르기도 했다. 죄를 범한 후 그는 깊이 회개하며 오랜 시간을 통곡했다. 그의 기다림과 회개는 단순히 시간을 버티는 것이 아니라, 자신의 잘못을 깊이 성찰하고 더 나은 지도자로 거듭나는 과정이었다. 이 과정 속에서 그는 하나님의 마음을 더 깊이 이해하게 되었고, 이스라엘 백성을 진정으로 사랑하는 왕이 되었다.

마시멜로 실험(The Marshmallow Test)

이 유명한 실험은 아이들에게 마시멜로를 하나 주고, 15분 동안 먹지 않고 기다리면 하나를 더 주겠다고 약속했다. 15분을 참아낸 아이들은 그렇지 못한 아이들보다 더 성공적인 삶을 살았다는 연구 결과는, 작은 유혹을 이겨 내는 인내심이 결국 삶의 큰 성공으로 이어진다는 것을 명확히 보여 준다. 작은 유혹 앞에서도 자신을 제어하고 미래의 더 큰 보상을 위해 기다릴 줄 아는 능력, 그것이 명품 인생의 필수 조건이다.

꽃 파는 할머니의 이야기

항상 밝은 표정으로 꽃을 파는 할머니에게 누군가 비결을 묻자, 할머니는 "고통이 닥치면 예수님께서 무덤에 계셨던 사흘을 생각하며 기다린다"고 대답했다. 이 예화는 어떤 고통이든 시간이 지나면 해결될 것이라는 확고한 믿음을 가지고 인내하는 것이 얼마나 중요한지 깨닫게 해 준다. 삶의 고난 속에서도 흔들리지 않는 믿음과 기다림은 결국 우리를 더 단단하고 지혜로운 존재로 만든다.

명품의 가치를 높이는 관리:
나를 위한 섬세한 케어

명품이 제 가치를 유지하고 더욱 빛나려면 꾸준한 관리와 섬세한 케어가 필요하다. 우리의 인생도 마찬가지다. 나의 삶을 최고의 명품으로 가꾸기 위한 몇 가지 관리법을 소개한다.

○ **내면을 가꾸는 '나만의 루틴' 만들기**

독서와 글쓰기: 독서는 세상의 지혜와 경험을 나의 것으로 만드는 과정이다. 명품이 좋은 재료로 만들어지듯, 좋은 생각을 내면에 채우는 시간이다. 다양한 분야의 책을 읽으면서 시야를 넓히고, 간접적인 경험을 통해 새로운 아이디어를 얻어 보자. 글쓰기는 복잡한 생각을 정리하고, 스스로를 객관적으로 바라보는 힘을 길러 준다. 나의 감정과 생각을 글로 표현하면서 내면의 혼란을 줄이고, 명확한 사고를 할

수 있게 된다.

사색과 묵상: 잠시 멈추고 내면의 소리에 귀 기울이는 시간은 필수적이다. 바쁜 일상 속에서 잃어버린 '나'를 찾아가는 과정이 바로 사색이다. 하루 10분이라도 조용한 시간을 가지며 나를 지으신 분에게 집중하고, 나의 존재 가치를 묵상하며 생각의 흐름을 지켜보자. 명품의 디테일이 완성도를 높이듯, 내면의 고요함은 삶의 깊이를 더해 주고 나의 정신을 맑게 해 줄 것이다.

건강한 습관: 몸은 명품 인생을 담는 그릇이다. 이 그릇이 튼튼해야 명품의 가치를 온전히 담을 수 있다. 규칙적인 운동, 균형 잡힌 식사, 충분한 수면은 명품의 컨디션을 유지하는 가장 기본적인 관리법이다. 나의 몸을 소중히 다루고, 건강하게 관리하는 것이 습관이 되게 하자.

○ 긍정적인 생각과 '언어'로 내면을 채우기

칭찬과 격려의 말: 스스로에게 긍정적인 말을 건네는 습관을 들여보자. "나는 오늘도 잘 해냈어", "나는 할 수 있어", "나는 충분히 가치 있는 사람이야"와 같은 말들은 스스로에 대한 믿음과 자신감을 키워 준다. 마치 명품을 소중히 다루듯, 나의 몸과 마음도 소중한 말들로 어루만져 주는 것이 중요하다. 특히 부정적인 생각이나 자기 비하의 말이 떠오를 때, 의식적으로 긍정적인 말로 바꿔서 되뇌어 보자. 말은 생각

의 씨앗이 되고, 생각은 현실을 만들어 내는 강력한 힘을 가지고 있다. 긍정적인 자기 대화는 나의 내면에 굳건한 자존감을 심어 주고, 어떤 상황에서도 흔들리지 않는 긍정적인 태도를 길러 줄 것이다.

타인을 향한 따뜻한 언어: 명품은 혼자서만 빛나는 것이 아니다. 주변 사람들에게 긍정적인 영향을 줄 때 그 가치가 더욱 빛난다. "덕분에 행복했어", "네가 있어 든든해", "정말 고마워"와 같은 따뜻한 말은 관계를 풍요롭게 하고, 결국 나 자신에게도 긍정적인 에너지가 되어 돌아온다. 단지 말을 하는 것을 넘어, 상대방의 이야기를 경청하고 진심으로 공감하는 태도는 더욱 강력한 긍정의 에너지를 발산한다. 나의 긍정적인 에너지는 주변 사람들에게 전염되어 더 밝고 따뜻한 세상을 만들게 될 것이다. 이는 곧 나를 둘러싼 환경을 긍정적으로 변화시키는 가장 강력한 도구가 된다.

○ **'실패'를 다루는 전문가 되기**

실패를 두려워하지 않기: 실패를 단순히 좌절로 여기지 말고, 성장의 밑거름으로 삼아야 한다. 실패의 순간은 감정적으로 힘들고 괴롭다. 하지만 그 감정에 휩쓸리지 않고, 한 발짝 물러나 냉철하게 상황을 분석하는 연습을 해 보자. 무엇이 잘못되었고, 그 원인은 무엇이며, 어떻게 개선할 수 있을지를 깊이 있게 고민하는 것이다. 이 과정에서 가장 중요한 것은 나의 주인 되신 분께 솔직하게 묻고 그분의 지혜를 구하는 것이다. 기도와 묵상을 통해 내면에 떠오르는 생각들, 또는 뜻밖의 깨달음들을 놓치지 않고 꼼꼼히 기록해 보자. 이 기록은 훗날 같은 실수를 반복하지 않도록 돕는 소중한 나침반이 되어 줄 것이다. 명품이 장인의 수많은 시행착오와 실패를 거쳐 완성되듯, 나의 실패는 더 나은 '나'를 만드는 유일무이한 과정이다. 완벽하지 않음이 오히려 나를 더욱 독특하고 가치 있게 만드는 요소가 될 수 있음을 기억하자.

○ 실패를 극복하고 자신의 명품 가치를 증명한 사람들의 삶을 벤치마킹

아브라함 링컨

미국 제16대 대통령 아브라함 링컨의 삶은 실패의 연속이었다고 해도 과언이 아니다. 그는 수많은 선거에서 낙선하고, 사업에서도 여러 번 실패했지만 결코 포기하지 않았다. 그는 모든 실패를 소중한 경험으로 삼아 끊임없이 자신을 갈고 닦았고, 마침내 1860년 대통령에 당선되어 남북 전쟁이라는 최대 위기 속에서 미국을 이끌었다. 그의 좌우명은 "내가 실패할 수도 있다는 것을 알지만, 그것이 옳다고 믿는 일을 포기할 수는 없다"였다. 그의 삶은 좌절 속에서도 끈질기게 목표를 향해 나아가는 굳건한 의지를 보여 준다.

알베르트 아인슈타인

천재 물리학자 아인슈타인 역시 어린 시절에는 많은 어려움을 겪었다. 그는 말이 늦었고, 학교 수업에 흥미를 느끼지 못해 교사들로부터 "주의력 결핍"이라는 평가를 받기도 했다. 그는 고등학생때 학교를 그만두었고, 대학 입시에도 낙방하는 좌절을 맛봤다. 하지만 아인슈타인은 실패에 굴하지 않았다. 그는 자신이 진정으로 관심 있는 물리학 분야에 깊이 몰두했고, 이후 세계를 바꾼 상대성 이론을 발표하며 인류 역사상 가장 위대한 과학자 중 한 명이 되었다. 그의 삶은 실패가 재능의 부족이 아니라, 자신에게 맞는 길을 찾아가는 과정임을 보여 준다. 남들의 시선에 굴하지 않고 자신의 길을 묵묵히 걸어가는 용기가 필요하다는 것을 알려 준다.

J.K. 롤링

세계적인 베스트셀러 작가이자 해리 포터 시리즈의 창시자인 J.K. 롤링은 작가로서 성공하기 전까지 힘든 삶을 살았다. 미혼모로서 정부 보조금에 의존하며 어렵게 생활했고, 자신이 쓴 원고가 수많은 출판사로부터 거절당하는 아픔을 겪었다. 무려 12개의 출판사에서 퇴짜를 맞았다고 한다. 하지만 롤링은 절망적인 상황에서도 포기하지 않았다. 그녀는 카페에서 틈틈이 글을 썼고, 마침내 12번의 거절 끝에 겨우 계약에 성공했다. 그 결과, 해리 포터 시리즈는 전 세계적으로 수억 부가 팔리는 대성공을 거두었고, 그녀는 세계에서 가장 영향력 있는 작가 중 한 명이 되었다. 롤링은 실패가 "인생에서 불필요한 것들을 덜어 내는 과정"이었다고 말하며, 실패를 통해 오히려 더욱 강해질 수 있었다고 고백했다. 나의 실패도 나를 더욱 단단하게 만들 귀한 경험이 될 수 있다.

데일 카네기(Dale Carnegie)

인간관계론의 대가로 불리는 데일 카네기. 하지만 그의 젊은 시절은 실패와 좌절로 가득했다. 미주리주 시골의 가난한 농부 아들로 태어난 그는 대학을 졸업한 후 여러 직업을 전전했다. 그는 영업 사원으로 일하며 실패를 거듭했고, 배우의 꿈을 꾸었지만 작은 역할조차 얻기 어려웠다. 절망에 빠진 그는 YMCA에서 강사로 일하며 대중 연설 기술을 가르치기 시작했다. 처음에는 별다른 성공을 거두지 못했지만, 그는 자신의 실패 경험을 바탕으로 '사람의 마음을 움직이는 방법'에 대해 연구하기 시작했다. 수많은 사람을 만나고, 그들의 이야기를 들으며 그는 인간관계의 본질을 깨달았다. 이러한 경험을 바탕으로 쓴 책이 바로 《인간관계론》이다. 이 책은 출간 즉시 베스트셀러가 되었고,

전 세계 수많은 사람들에게 영감과 용기를 주었다. 카네기의 삶은 실패를 회피하는 대신, 그 실패 속에서 새로운 길을 찾아 성공을 이룬 좋은 본보기다. 나의 약점이나 실패 속에서도 새로운 기회와 가능성을 찾을 수 있다는 것을 보여 준다.

마이클 조던(Michael Jordan)

농구의 신으로 불리는 마이클 조던. 하지만 그 역시 농구 인생 초기에 큰 좌절을 경험했다. 고등학교 2학년 때 농구팀에서 키가 작고 기술이 부족하다는 이유로 탈락했다. 이 경험은 어린 조던에게 큰 충격과 상처를 주었지만, 그는 포기하지 않았다. 오히려 새벽에 일어나 훈련하고, 남들보다 더 많은 땀을 흘리며 실력을 키웠다. 그는 "나는 살면서 수없이 실패했고, 실패하고 또 실패했다. 그것이 내가 성공한 이유이다"라고 말했다. 그는 경기 막판 중요한 슛을 놓치고, 팀을 패배로 이끈 경험이 셀 수 없이 많다고 고백했다. 하지만 그 모든 실패를 통해 배우고 성장했다. 조던은 시카고 불스를 6번의 우승으로 이끌며 농구의 역사를 새롭게 썼다. 그의 삶은 좌절을 극복하는 강한 의지와 끊임없는 자기 노력이 성공의 가장 중요한 열쇠임을 보여 준다. 나의 노력과 끈기는 결코 나를 배신하지 않을 거다.

이들의 이야기는 실패가 끝이 아니라, 오히려 새로운 시작을 위한 중요한 과정임을 말해 준다. 실패를 통해 배우고, 다시 일어설 용기를 얻어 포기하지 않는다면, 나 또한 나만의 위대한 성과를 이룰 수 있을 것이다. 나의 삶을 소중히 가꾸고, 나만의 명품 인생을 만들어 가는 거칠고 소중한 시간들이있기에 우리의 인생은 명품의 향기와 빛을 발할 수 있음을 믿는다.

에필로그

명품 인생, 하나님의 완벽한 설계

칠십여 년의 삶을 돌아보니, 나의 인생은 그 어떤 명품보다도 값지고 아름다운 이야기였다. 한 장인의 손길로 정성껏 빚어진 도자기처럼, 희소하고 독창적이며 진정한 걸작이었다. 내가 걸어온 길을 곱씹을 때마다, 그 모든 순간 속에 함께해 주신 하나님의 세밀한 설계와 인도하심 앞에 감탄하지 않을 수 없다.

어린 시절, 교회에 대한 깊은 실망과 두 번의 낙방은 나를 절망의 벼랑 끝으로 몰아넣었다. 한강 다리 위에서 차가운 물살을 내려다보며 생을 포기할까 고민했지만, 끝내 용기는 나지 않았다. 그 순간, 죽음을 외면하게 만든 삶의 본능은 나를 40일간의 무전여행으로 이끌었다. 돈 한 푼 없이 떠돌던 시간 속에서 나는 세상의 차가움과 따뜻함을 동시에 배웠다. 낯선 이의 작은 친절은 '아직 살 만하다'는 희망이 되었고, 뜻밖의 시련은 '세상은 내 뜻대로 흘러가지 않는다'는 겸손을 가르쳐 주었다. 그 방황의 끝에서 만난 침술은 내 손에 새로운 기술과 비전을 쥐어 주었다.

젊은 날, 지리산 백장암에 들어가 불도를 닦으려 했던 시도 역시 허망한 몸부림에 지나지 않았다. 아무리 마음을 비우려 해도 내 안에서 또렷하게 울리던 음성 — *"하나님이 만드셨지"* — 그 음성은 내 영혼을 결코 놓아주지 않았다. 결국 나는 방황을 멈추고 창조주 앞에 무릎 꿇었고, 그 순간 세상의 어떤 수행도 주지 못했던 참된 안식과 방향을 발견했다.

아프리카 우간다에서의 선교는 또 다른 기적의 연속이었다. 독한 모기약 냄새로 가득했던 허술한 비행기, 낯설고 척박한 환경, 말라리아와 싸우며 죽음의 문턱까지 갔던 막내 성현, 정체성의 혼란을 겪었던 혜진, 알 수 없는 질병으로 지쳐 가던 아내…. 쉼 없이 밀려오는 고난 속에서도 하나님은 멈추지 않고 일하셨다. 아내에게는 상처 입은 마음을 치유해 주셨고, 나에게는 교만한 자기의(自己義)를 꺾으셨다. 그리고 마침내 우리를 미국으로 인도하시며 새로운 장을 열어 주셨다.

2013년, 교회의 위기 속에서 시작된 한의원 개원은 또 다른 은혜였다. 군 생활에서 쌓은 임상 경험은 수많은 환자를 살리는 도구가 되었고, 육체의 치유를 넘어 영혼의 회복까지 이어지는 사역으로 확장되었다. 그 무렵부터 시작된 '4대 가족 예배'는 우리 가정의 가장 빛나는 유산이었다. 손자들의 순수한 찬양, 4세대가 함께 드린 기도와 말씀 속의 눈물과 웃음…. 그 시간들은 지금도 마음 깊이 간직된 보물이다.

그리고 예기치 않게 다가온 성현의 결혼은 내 인생에서 가장 극적인 장면 중 하나였다. 결혼을 포기하려 했던 아들, 그러나 예지와의 뜻밖의 만남, 캄보디아로 떠나야 했던 빠듯한 일정, 수많은 장애물들…. 하지만 하나님은 단 한마디 말씀으로 길을 여셨다. *"11월에 결혼하라."* 그 말씀 앞에 모든 상황이 움직였고, 흩어진 퍼즐이 제자리를 찾았다. 불과 두 달 만에 치러진 결혼식과 선교지에서의 신혼 생활은, 우리 모두에게 하나님의 시간표는 결코 늦지도 빠르지도 않음을 선명하게 보여 주었다.

이렇듯 내 인생은 아픔과 좌절, 방황과 회복, 그리고 상상할 수 없는 기적들로 빼곡히 채워졌다. 그 과정은 나를 단 하나뿐인 존재로 빚어냈고, 상처와 실패는 일본의 '킨츠기(金継ぎ)'처럼 금빛 무늬가 되어 내 인생을 오히려 더욱 빛나게 했다. 세월이 깊어질수록 그 금빛 흔적은 더욱 영롱하게 빛났고, 결국 내 삶은 진정한 명품이 되었다.

지금 나는 인생의 마지막 여정을 나의 조국, 대한민국에서 천천히 걷고 있다. 파킨슨으로 육신은 불편하지만, 아직 오른손은 온전하기에 감사하게도 환자를 돌보는 일에는 지장이 없다. 그래서 몸이 허락하는 한, 나의 도움이 필요한 이들을 향한 섬김의 발걸음을 옮기고 있다. 매주일 화성의 교회에서 환자들을 만나고, 특히 고국을 떠나 외로이 돈을 벌기 위해 온 외국인 근로자들을 돕는 일은 내게 큰 감사와 기쁨이다. 그들의 투박한 웃음과 작은 행복 속에서 예수님의 미소를 본다. 나는 육신의 아픔을 만지지만, 하나님께서는 그들의 영혼까지 회복시키심을 믿는다. 그래서 환자들을 맡겨 드리며, 매일 내 영혼 깊은 곳에서 솟아나는 감사와 찬양으로 하루를 마무리한다.

언젠가 내 호흡이 멈추는 날이 오더라도, 나를 만난 사람들이 육신만이 아니라 영혼까지 치유받기를 소망한다.
 돌아보니 나는 단 한 번도 완전하지 못했다. 그러나 나의 주인이신 하나님은 단 한 번도 나를 포기하지 않으셨다. 믿음 없는 나를 책망하기보다, 사랑과 인내로 기다리시며 오늘의 나를 여기까지 빚어 주셨다. 이제 나는 확신한다. 내가 걸어온 모든 길은 오직 은혜로 가능했고, 그 은혜 덕분에 나는 명품 인생을 살 수 있었다. 그리고 그 은혜의 여정은 아직 끝나지 않았다.

인생은 누구도 흠 없이 완벽할 수 없다. 우리는 넘어지고 상처 입으며, 때로는 절망 속을 헤맨다. 그러나 그 모든 순간들이 하나님의 손길 안에서는 결코 헛되지 않는다. 실패와 눈물, 상처의 흔적은 오히려 금빛 무늬가 되어 우리 인생을 더욱 빛나게 만들 것이다.
 명품 인생은 우리의 성취가 아니라, 오직 하나님의 은혜로 완성되는 작품이다. 그리고 그 은혜의 손길은 지금 이 순간에도 당신의 삶 속에서 조용히, 그러나 분명하게 일하고 계심을 믿는다.

"우리는 그가 만드신 바라 그리스도 예수 안에서 선한 일을 위하여 지으심을 받은 자니…" (에베소서 2:10)
"너희 안에서 착한 일을 시작하신 이가 그리스도 예수의 날까지 이루실 줄을 우리는 확신하노라." (빌립보서 1:6)

그러므로 두려워하지 말자. 아직 끝나지 않은 당신의 삶도 결국 하나님의 손에서 빚어진 걸작으로 완성될 것이다.

마지막으로, 나의 투박한 여정을 곁에서 기도와 사랑으로 붙들어 주신 수많은 믿음의 동역자들에게 깊은 감사를 드린다. 한없이 부족한 나를 향해 보내 주신 그분들의 신뢰와 격려, 그리고 헌신이 없었다면 오늘의 나는 존재할 수 없었을 것이다. 나는 믿는다. 하나님께서 그들의 삶 또한 가장 완벽한 설계 안에서 빚으시고, 마침내 멋지고 아름다운 '명품 인생'으로 완성해 가실 것을.

"우리 인생은 단 하나밖에 없는 하나님의 걸작품이다!"

명품 인생,
Amazing Life

ⓒ 배상호 · 박숙경, 2025

초판 1쇄 발행 2025년 11월 20일

지은이	배상호 · 박숙경
펴낸이	이기봉
편집	좋은땅 편집팀
펴낸곳	도서출판 좋은땅
주소	서울특별시 마포구 양화로12길 26 지월드빌딩 (서교동 395-7)
전화	02)374-8616~7
팩스	02)374-8614
이메일	gworldbook@naver.com
홈페이지	www.g-world.co.kr

ISBN 979-11-388-4957-9 (03230)

- 가격은 뒤표지에 있습니다.
- 이 책은 저작권법에 의하여 보호를 받는 저작물이므로 무단 전재와 복제를 금합니다.
- 파본은 구입하신 서점에서 교환해 드립니다.